JN441803

중국 기초 고문

김현주 · 정호준 지음

HU:iNE

서문

중국사회에서 사용하는 중국어는 현대중국어와 고대중국어를 모두 포함하고 있다. 그 이유는 수 천 년의 역사 동안 중국어 문자의 형태와 의미가 기본적으로 변하지 않았기 때문이다. 따라서 문헌 속에 있는 고대중국인들의 문장표현이 현대중국어에 그대로 쓰이고 있다. 이러한 현상은 다른 언어에서 찾아보기가 매우 어렵다.

한국에서 중국어 교육이 널리 보급되고 있는데 반해 고대중국어에 대한 교육의 필요성은 간과되고 있다. 이와 같은 현상은 한국 사회에 중국어학습이 아직 덜 성숙된 상태에 머무르고 있음을 의미하며, 중국학계에서조차 고급 중국어적 표현과 어휘에 다용되는 고대중국어를 학습해야 할 필요성을 절감하지 못하고 있음을 나타낸다.

백화운동(白話運動) 이후 고대중국어는 입말이 아닌 서면어로 활용되어 문언문(文言文) 혹은 고문(古文)이라 칭한다. 고문은 고

전산문, 고대 문장, 그리고 한국한문(漢文)을 통칭하는 것으로서, 역사서, 사상서, 고대문학작품, 경서 등을 말한다. 고문은 실용적이고 자유로운 문체이며, 중국고대에서부터 청나라에 이르기까지 중국의 사회, 문화, 사상, 정치에 대한 견해를 서술하여 널리 백성들을 교화하고 문화를 반영하는 현실 참여적 문장이었다. 또한 고문은 중국 민족의 사상과 문화를 그대로 담고 있어서 언어의 사회문화적 성격을 형성하는 근거가 되어왔다.

한국에서는 오랫동안 한자를 사용하여 왔고, 많은 한문문헌을 보유하고 있다. 한국인의 정신문화를 발양하고 중국의 사회문화를 더 잘 이해하도록 하기 위해서는 고문교육이 절대 필요하다. 『중국기초고문』은 고문교육의 기본을 다지는 데 조금이나마 기여하고자 하는 취지에서 집필하게 되었다. 아래의 사항을 참고하여 이 책을 활용한다면 학습효과를 향상시키는 데 도움이 될 것이다.

첫째, 고문학습은 한자의 구조와 어휘의 특징, 자전字典사용법을 파악함으로써 중국 문자에 대한 기본을 이해하도록 해야 할 것이다.

둘째, 고문에 나타나는 문장구조와 문법사항을 익힘으로써 고문을 읽는 데 필요한 기초지식을 얻도록 해야 할 것이다. 문장구조와 문법은 현대중국어와 같은 점, 다른 점을 비교하면서 학습할 수 있어서 오히려 중국어구조에 대한 이해의 폭을 넓힐 수 있다. 특히 대명사와 전치사, 접속사, 조사로 쓰이는 허사 18개에 대한 문법적 내용을 이해하면 번역에 많은 도움이 될 것이다. 각 예문은 모두 한국어번역을 달아놓았으므로 자습에 활용할 수 있다.

셋째, 문장을 읽고 번역하는 연습을 함으로써 내용이 담고 있는 뜻을 이해하고 중국인의 언어표현방법을 익히도록 해야 할 것이다. 이 책에 인용한 고문 문장은 고사성어 중심의 단문 20편, 유명 작품 중심의 장문 15편, 시와 사 10수 등 세 부분으로 나누었다. 특히 단문은 60자에서 80자 내외로 이루어져 있고, 문법 해설과 주석을 상세히 서술하여 기초고문 강의와 자습을 돕도록 하였다. 학습자가 반드시 주석을 참고하여 하나하나 번역해 보아야 함축된 문장이 담고 있는 생동적인 내용들을 파악하게 될 것이다.

이 책은『중국어고문』(신아사, 2003),『중국고문기초』(외대출판부, 2011)의 체재를 참고하였고, 인용한 문장은 역사서, 경서, 시문집에서 발췌한 것이며, 단문에 대한 해설은『漢語古文讀本』(北京大, 1998)을, 작품에 대한 해설은 각 작품의 여러 주석서를 참고하였다.

수 천 년 동안 인구에 회자되어 온 중국고문의 생동적이고 함축적이고 논리적인 내용을 통해 중국인의 기지와 해학과 사변을 직접 체험하는 흥미 있는 학습이 되기를 기대한다.

2019년 4월
전농동 서재에서
편저자 씀

목차

제1부 한자의 기본 원리 및 구성

제1부 한자의 기본 원리 및 구성

1. 한자의 특성

(1) 한자의 기원에 대한 전설

한자는 중국에서 만들어진 문자이다. 한자의 발생 기원에 대해 몇 가지 전설이 있다.

1) 한자는 그림에서 비롯되었다. (도화(圖畫)문자): 원시시대에 의사 전달의 수단이 되었던 신성한 표시나 기호(記號)를 무늬를 비롯한 그림과 문자의 시원으로 보고 있다. 중국의 갑골문자(甲骨文字) 같은 상형문자는 산천의 생김새와 조수(鳥獸)의 발자국, 우주 운행의 형상 등을 그대로 표현한 것이다.

2) 팔괘(八卦), 새끼매듭(結繩), 각계(刻契) 등 가정 부호에서 비롯되

었다. (새끼매듭(結繩)문자, 그림새김(書契) 문자)

『주역(周易)』「繫辭傳」下의 기록

상고시대에는 새끼매듭을 지어 다스렸는데, 후세의 성인이 이를 그림 새김문자로 바꾸었다. 이로써 백관을 다스리고 만민을 살피었다.

上古結繩而治, 後世聖人易之以書契, 百官以治, 萬民以察。

옛적에 포희씨가 천하에 왕을 할 적에 우러러서는 하늘의 형상을 보고, 구부려서는 땅의 법을 보며, 새와 짐승의 무늬와 땅의 마땅함을 보며, 가까이는 저 몸에서 취하고 멀리는 저 물건에서 취하여, 이에 비로소 팔괘를 지음으로써, 신명의 덕을 통하며 만물의 정서를 같이 하였다.

古者包犧氏之王天下也, 仰則觀象於天, 俯則觀法於地, 觀鳥獸之文與地之宜, 近取諸身, 遠取諸物, 於是始作八卦, 以通神明之德, 以類萬物之情。

3) 하도낙서설(河圖洛書說)

『주역』「계사전」上의 기록

이런 까닭으로 하늘이 신물(神物)을 내고 성인이 이를 법칙으로 삼고, 천지가 변화하면 성인은 이를 연고로 삼으며, 하늘이 상(象)을 내리고 길흉을 드러내면 성인이 이를 본뜬다. 황하에서 도록이 나오고 낙수에서 서록이 나오자 성인이 이를 법칙으로 삼았다.

是故天生神物, 聖人則之。天地變化, 聖人故之。天垂象見吉凶, 聖人象之。河出圖, 洛出書, 聖人則之。

4) 창힐(蒼頡) 창조설

『설문해자(說文解字)』서(敍)
황제(黃帝)의 사관 창힐이 새와 짐승의 발자국을 보고 갈라진 결로써 어떤 종류의 새나 짐승인지 관찰해낼 수 있음을 알게 되었다. 그래서 처음으로 그림새김문자를 만듦으로써 백관을 다스리고 만물을 살피었다.
黃帝之史蒼頡, 見鳥獸蹏迒之迹, 知分理之可相別異也。初造書契, 百工以乂, 萬品以察。

여기서 유의해야 할 점은 한자는 위의 전설 중에 어느 한 가지에 의해 한자가 만들어진 것이 아니라, 이들을 바탕으로 해서 여러 사람이 오랜 세월에 걸쳐 창조해 내었다고 보는 것이 합당한 해석일 것이다.

(2) 한자의 3요소: 형(形), 음(音), 의(義)

梅
매화나무 매

형(形): 梅
음(音): 매(méi)
의(義): 매화나무

(3) 한자의 성질

1) 표의문자(表意文字)

한자가 표의 문자라는 것은 글자의 모양(形)이 그 글자의 의미(意)와 밀접한 관계를 지니고 있기 때문이다. 이는 표음(表音) 문자와 달리 문자가 소리 정보는 주지 않고 문자를 봄으로써 그 글자의 의미를 이해하게 된다는 특징을 지닌다고 할 것이다. 즉, 한자의 東, 한글의 동쪽, 영어의 east를 비교해 보면, 한자의 東은 보면 동쪽이라는 뜻은 알 수 있으나 어떻게 읽어야 하는지에 대한 정보는 주지 않는다. 반면에 한글과 영어는 문자를 보고 읽을 수는 있지만, 이것이 무엇을 의미하는지에 대한 정보는 주지 않는다. 이것이 바로 표음 문자와 표의 문자의 차이인 것이다. 이는 뒤에 살펴볼 육서(六書) 중에서 형성(形聲)자는 의미 부분과 소리 부분으로 나눌 수 있고, 가차(假借)자는 의미와 관계없이 소리만 빌려온 것으로 표음적 요소도 지니고 있다고 볼 수 있겠으나 주된 성질은 표의문자로 보는 것에는 큰 무리가 없을 것으로 보인다.

2) 형태소 문자

한자는 기본적으로 단음절 어휘 단음절 형태소라고 할 수 있다. 즉 하나의 글자가 하나의 의미 단위가 된다고 보아야 할 것이다. 다음절 형태소가 아주 존재하지 않는 것은 아니나, 이는 주로 의성어나 의태어에 해당하는 것이 대부분이며, 일반적으로 하나의 글자가 하나의 형태소를 이룬다고 보아야 할 것이다. 이는 낱글자의 한자 지식이 전체 한자의 어휘력을 증가시킬 수 있다는 장점이 있다.

3) 음절 문자

한자는 하나의 글자가 하나의 음절로 대표된다는 것이다. 이는 우리 한글의 음소 문자와 대비하여 보면 금방 이해되는 부분일 것이다. 또한 한자는 음절의 음이 동일하더라도 의미가 다르면 형태가 달라지는 특징이 있다.

(4) 한자의 사용 현황

1) 한어대사전에 5만 6천여 자 수록, 실제 생활에 사용하는 한자는 일만 자 이내, 1988년 국가언어문자공작위원회가 공포한 현대 한어 통용자표에 7천 자가 수록, 이 중 3,500자가 상용자임. 이 상용자의 사용 빈도율은 99.98%, 현재 중국에서 제대로 교육을 받은 사람들이 아는 한자 수는 대략 3천 자에서 4천 자 정도임.

2) 일본은 1,945자, 북한은 1,500자를 소학교부터 교육, 한자문화권의 15억 이상이 사용, 한국어의 85%가 한자로 이루어진 단어임.

3) 한자 속에는 그 글자가 만들어질 당시의 사람들의 삶을 담은 문화가 들어 있다: 농경 문화적 요소, 의식주에 관한 것 등.

2. 육서(六書)

중국어 문자인 한자는 구조와 운용에 따라 육서(六書)로 나누어 분류해 볼 수 있다. 동한(東漢)의 허신(許愼)은 그의 『설문해자(說文解字)』에서 이 육서론에 의거해 한자의 자형 구조를 분석한 후 본의를 밝혀내었다. 육서의 명칭과 순서는 1. 상형(象形) 2. 지사(指事) 3. 회의(會意) 4. 형성(形聲) 5. 전주(轉注) 6. 가차(假借)이다. 이 중 상형, 지사, 회의, 형성은 글자는 만드는 조자법(造字法)에 해당하고, 전주와 가차는 기존의 있는 글자를 활용하는 용자법(用字法)에 해당한다. 각 문자에 대한 허신의 설명을 통해 그 의미를 이해해 보자.

(1) 상형

상형이라는 것은 그 물체의 형상을 그리는 것인데, 그 물체의 모양에 따라 들어가고 나오고 그 굴곡과 기복을 그리는 것으로 日·月이 그것이다.

象形者, 畵成其物, 隨體詰詘, 日月是也。

즉 물건이 생긴 형상과 무늬대로 구부러진 곳은 구부러진 대로, 튀어나온 데는 튀어나온 대로, 둥근 것은 둥근 모양으로, 모가 난 것은 모가 난 대로 그 모양을 그린 것이다.

예) 日, 月, 雨, 山, 水, 木, 手, 鳥, 肉, 大

상형문자(象形文字)

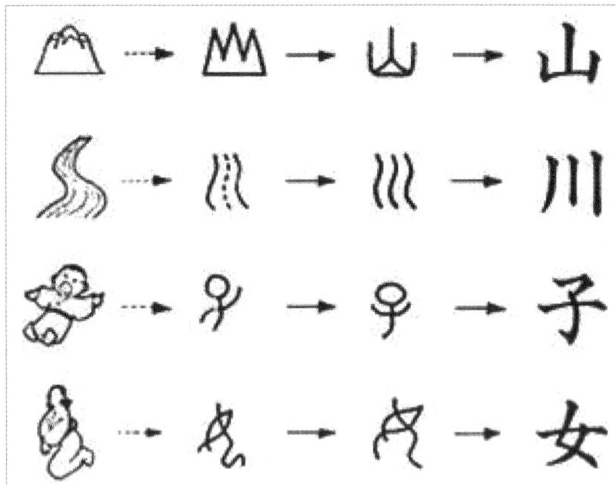

(2) 지사

지사라는 것은 보면 알게 되고 살피면 보이는 것인데, 上, 下가 그것이다.

指事者, 視而可識, 察而可見, 上下是也。

즉 어떤 부호로써 추상적인 위치, 관념, 상태, 동작 등을 나타내는 것이다.

예) 一, 二, 三, 上, 下, 小, 集, 天, 刃, 本, 未, 亦

甲骨文	金文	小篆	隷書

甲骨文	金文	小篆	隸書

(3) 회의

회의라는 것은 여러 가지 글자들을 결합시켜 뜻을 나타냄으로써 새로 만든 사람이 나타내려는 그 글자의 의미를 나타내는 것으로, 武·信과 같은 글자를 말한다.

會意字, 比類合誼, 以見指撝, 武信是也。

즉, 두 개 이상의 글자를 함께 배열하여 다른 뜻을 나타내는 문자인 것이다.

예) 武, 信, 祭, 社, 公, 休, 男, 沙, 明, 囚, 炙, 林, 友, 或, 域, 國

甲骨文	金文	小篆	隸書

(4) 형성

형성이라는 것은 사물로써 글자의 뜻을 삼고, 소리를 첨가시켜 글자를 이루게 하는 것으로 江·河 같은 글자를 말한다.

形聲者, 以事爲名, 取譬相成, 江河是也。

즉, 뜻을 나타내는 의부(義符)와 소리를 나타내는 성부(聲符)로 이루어진 문자를 말한다.

예) 江, 河, 柳, 松, 桂, 梅, 枝, 根, 杪, 條, 技, 持, 摩

(5) 전주

전주라는 것은 뜻이 같은 글자들을 모아 한 가지 부수를 세우고 그 같은 뜻을 서로 주고받아 해석하는 것으로, 考·老 같은 글자를 말한다.

轉注者, 建類一首, 同意相受, 考老是也。

즉, 두 글자 이상의 서로 다른 글자가 형태가 같아서, 혹은 뜻이 같아서 혹은 소리가 같아서 서로 같은 뜻으로 통용된다는 뜻이다.

예) 考老, 袒裼, 初首基肇祖, 天帝皇王君

(6) 가차

가차라는 것은 본래 그를 뜻하는 글자가 없어서, 비슷한 소리가 나는 글자에 의탁하여 그 글자를 대신하는 것으로 令·長과 같은 글자를 말한다.

假借者, 本無其字, 依聲託事, 令長是也。

즉, 원래 그 뜻을 나타내는 글자가 없어서 아직 만들어져 있지 않은 글자를 써야겠는데 당장 만들 방법은 없어서 소리가 같거나 가까운 기존의 글자를 빌려서 쓰는 것을 말한다.

예) 令, 長, 難, 易, 其, 氣(空氣라 할 때), 燕(宴會의 뜻), 爾(2인칭 대명사), 地名, 人名, 外來語

위와 같은 글자를 만드는 방법은 동시에 발명되어 사용한 것이 아니라, 대략 상형, 지사 → 회의 → 가차 → 전주 → 형성과 같은 순서로 발생되어 사용되었다.

즉 이러한 조자 방법의 발전은 한자의 성질을 표의적(表意的) 어소음절문자(語素音節文字)에서 표의 겸 표음적 어소음절문자로 변화시켰다고 볼 수 있을 것이다.

한자에서는 우리가 '문자(文字)'라고 할 때 단순히 하나의 글자라는 의미의 단어가 아니라, 문(文)과 자(字)라는 각각의 뜻을 가진 글자가 결합한 개념으로 이해해야 한다. 즉 문(文)은 문(紋)의 의미로 그림, 무늬라는 뜻이니 위의 상형자와 지사자에 해당하는 독체자(獨體字)로 보아야 한다. 독체자란 어느 획도 분리하면 글자가 되지 않는 글자를 말한다. 자(字)는 문(文)과 문(文)이 합쳐진 합체자(合體字)로 위의 형성자와 회의자에 해당한다. 합체자란 두 개 이상의 글자가 합쳐져서 만들어진 글자로, 분리해도 각각 뜻을 가진 지사나 상형의 독체자가 될 수 있다.

육서 중 우리가 가장 주목해야 할 것은 형성자이다. 오늘날 한자의 80% 이상이 형성자로 구성되어 있으니, 형성자의 원리를 익힌다면 한자를 익히는 데 많은 도움을 받을 수 있을 것이다. 즉 부수에 해당하는 의부(意部)는 그 글자의 의미를 나타내고, 나머지 부분은 성부(聲部)로 그 글자의 음을 나타내 준다는 것이다. 물론 글자의 음은 세월이 흘러 완전히 일치하지 않는 것도 존재하지만, 대부분 같거나 비슷한 모습으로 존재하고 있으니 충분히 유추해 볼 수 있을 것이다.

文: 상형, 지사 같은 무늬 → 독체, 분리가 안 됨.

+

字: 형성, 회의 文과 文이 합함 → 합체

독체자(상형, 지사): 木, 魚, 天, 下, 一

합체자(형성, 회의): 休, 男, 桃, 森

3. 한자 자체(字體)의 발전

현존하는 자료에 근거해보면 한자의 모양은 역사적으로 갑골문(甲骨文), 금문(金文), 대전(大篆), 소전(小篆), 예서(隸書), 해서(楷書), 초서(草書), 행서(行書) 등의 자체가 있었다.

(1) 갑골문

상대(商代)와 서주(西周) 초기(B.C.16세기~B.C.10세기)에 구갑(龜甲)·수골(獸骨)에 새겨진 문자이다. 대부분의 글자를 뾰족한 도구로 새겼기 때문에 선형 문자의 형태를 띠고 있다. 갑골문의 주요 내용이 점복(占卜)의 기록이기 때문에 복사(卜辭)라고도 한다. 하남성(河南省) 안양현(安陽縣) 소둔(小屯)의 은허(殷墟)에서 1899년에 최초로 발견되었으며, 그 후 하북(河北), 섬서(陝西), 산동(山東) 등지에서 은상 시대 갑골문이 발견되었고, 섬서(陝西), 북경(北京), 산서(山西) 등지에서 주나라 때의 갑골문이 출토되었다. 청말(清末)에서 지금에 이르기까지 갑골 7만여 편에서 4,500여 자가 발견되

었는데, 해독된 글은 1,700자 전후이다.

(2) 금문

은상(殷商)·서주(西周) 시기를 거쳐 춘추 전국 시대까지 1,200여 년 동안 각종 청동기물(青銅器物)에 새겨진 문자를 말한다. 종정문(鍾鼎文)이라고도 한다. 후대에는 금속 기물이나 철제 무기에 새겨진 글자로 포함하였다. 최초의 금문은 상대 중기에 보이는데, 대부분이 도형부호이거나 씨족 휘호이다. 서주 시기는 청동기 명문(銘文)의 전성기로, 글자가 많은 것은 수 백자에 달하기도 한다. 현존하는 청동기 명문 중 글자 수가 가장 많은 것은 모공정명문(毛公鼎銘文)으로 497자다. 이미 발견된 청동기 명문은 13,000여 건이고 문헌의 전체 글자 수는 130,000여 자이고, 단음절어는 6,000자 정도이다. 이 중 해독된 것은 약 2,500자이다.

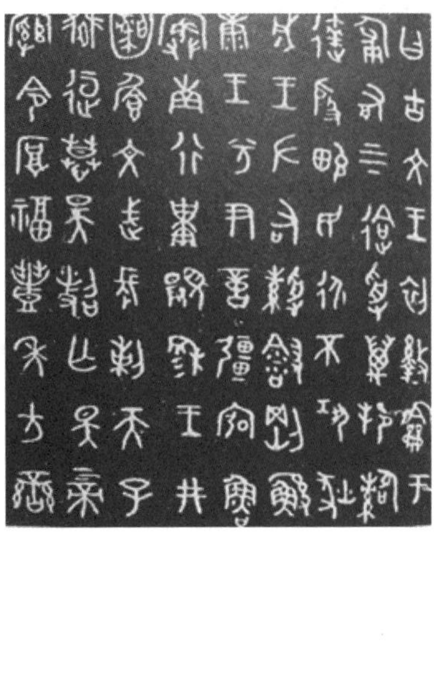

(3) 대전

대전은 소전의 전신으로 주문(籀文)이라고도 한다. 서주 말 주 선왕(周宣王) 때 태사(太史)가 주(籀)가 지었다고 하는 『사주편(史籀篇)』이 바로 대전으로 된 아동식자교본(兒童識字教本)이다. 전국시기 진(秦)나라의 석고문(石鼓文) 등에서 사용되던 자체의 하나로 획이 변화가 있고 복잡하였다. 이사(李斯)가 이를 바탕으로 해서 소전을 만들었다.

(4) 소전

진시황(秦始皇)이 이사(李斯)의 건의를 받아들여 춘추 전국시대에 진나라 지역에서 통용되었던 주문(籒文), 즉 대전을 개량하여 문자 통일의 자체로 삼았던 글자체이다. 이사는 이 소전체를 보급하기 위해 『창힐편(倉頡篇)』, 『원력편(爰歷篇)』, 『박학편(博學篇)』과 같은 교본들을 편찬하였다. 진전(秦篆)·전서(篆書)라고도 하며, 동한 때 허신이 편찬한 『설문해자(說文解字)』도 바로 소전 9,353자를 표제자로 하고 있다.

(5) 예서

한대(漢代)의 공식 서체이지만, 진시황 때에 대전·소전과 함께 팔체(八體)의 하나로 규정하여 반포한 것이다. 진나라 때의 관아의 서리들이 사무를 효율적으로 처리하기 위해 속기 비슷한 용도로 사용한 자체이다. 서리(書吏)라는 뜻의 '예인(隸人, 관청에 소속된 하급 공무원)'에서 예서라는 이름이 붙여지게 되었다.

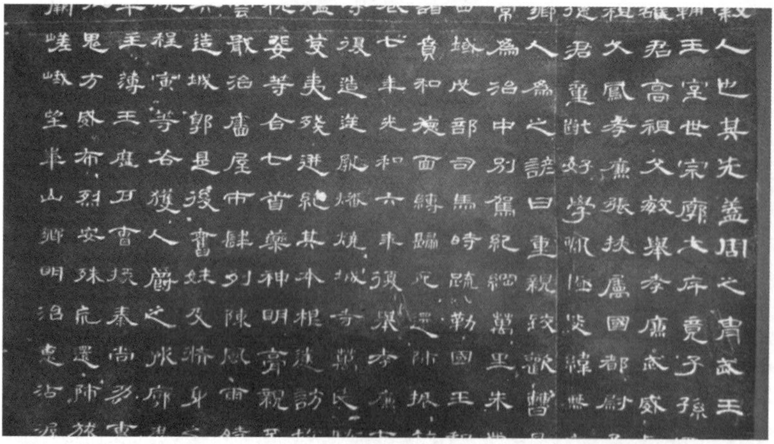

(6) 해서

우리가 현재 쓰고 있는 한자체이다. 한나라 말기에 만들어져 위진남북조시대에 성행하였으며 수당 시대에 정착되었다. 예서에서 변화된 것으로, 정서(正書) 또는 진서(眞書)라고도 불리는데, 본보기가 되는 단정한 글자체라는 뜻이 담겨 있다.

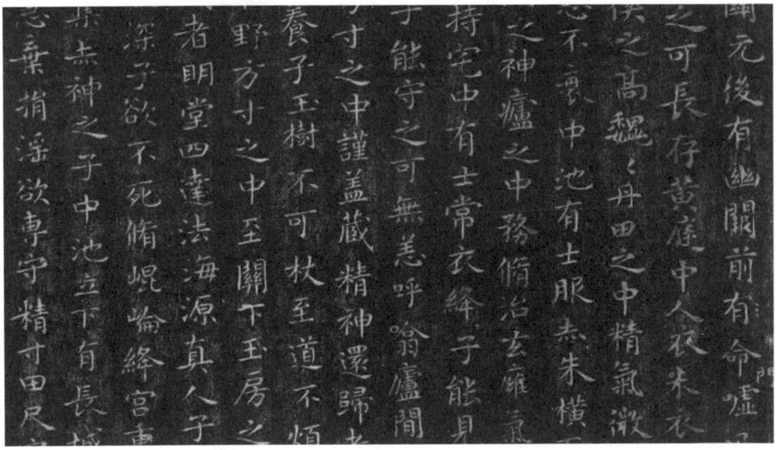

(7) 초서

한대에 형성되어 역대로 서예가들이 즐겨 쓰던 서체이다. 사용상의 편의를 추구하여 필획이 간략하게 되었고, 흘림체로 필획뿐만 아니라 글자까지도 거의 연이어 쓴다.

(8) 행서

해서와 초서의 중간쯤 되는 서체로, 해서의 필기체로 필획이 연결되어 쓰기 편하면서도 초서처럼 알아보기 힘들지 않다. 한대 이후로 지금까지 서신 등 일상 서체로 사용 역사가 가장 긴 서체이다. 왕희지(王羲之)의 「난정집서(蘭亭集序)」가 행서체의 전범이 되어 있다.

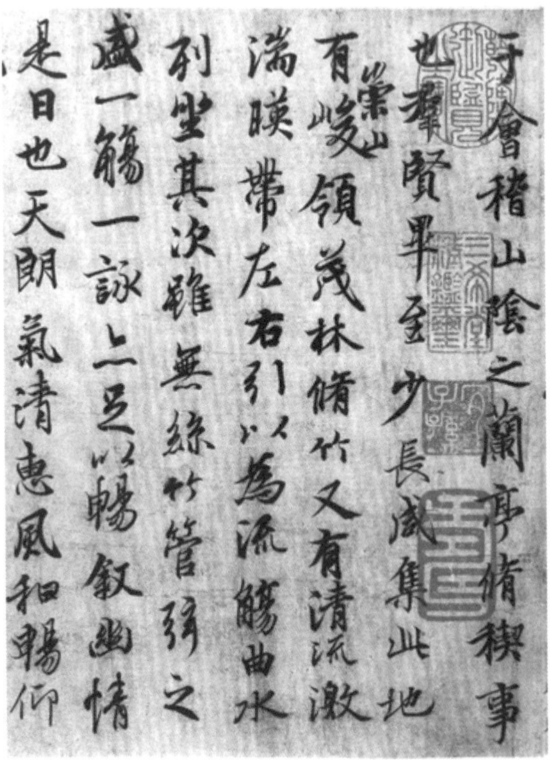

(9) 고금자(古今字), 이체자(異體字), 번체자(繁體字)

1) 고금자(古今字)

선진(先秦) 시기에는 한자의 수가 매우 적었다. 허신의 『설문해자』에 9,353자가 수록되어 있고, 그중 상용자는 3, 4천 자에 지나지 않았다. 그래서 당시의 한자는 후대의 몇 개의 글자가 가지고 있는 의미를 하나의 글자가 가지고 있기도 하였다. 또한 이러한 글자들은 글자의 소리에서 유사성이 있는 경우가 많아 후에는 통가자(通假字)로 쓰이게 된다. 예를 들면 다음과 같다.

從臺上彈人, 而觀其**辟**丸也。(『左傳』 宣公二年) (辟=避)

대 위에서 지나가는 사람에게 탄환을 쏘고, 그 탄환을 피하는 것을 보았다.

欲**辟**土地, 朝秦楚, 莅中國, 而扶四夷也。(『孟子』 「梁惠王上」) (辟=闢)

토지를 개척하고, 진나라와 초나라가 조회하게 하고, 나라의 가운데 군림하면서 사이들을 어루만져 다스리려는 것입니다.

苟無恒心, 放**辟**邪侈, 無不爲已。(上同) (辟=僻)

만약 변치 않는 항상된 마음이 없다면 방탕하고 편벽되고 사악하고 사치하여 하지 못하는 일이 없게 된다.

友便**辟**, 友善柔, 友便佞, 損矣。(『論語』 「季氏」) (辟=嬖)

지나치게 치우친 이를 벗하며 매우 부드럽기만 한 이를 벗하며 말재주만 능한 이를 벗하면 손해되니라.

君子之道, **辟**如行遠, 必自邇, 辟如登高, 必自卑。(『中庸』) (辟=譬)

군자의 도란 예를 들면 먼 곳을 가는데 반드시 가까운 곳부터 시작해야 하는 것과 같으며, 높은 곳에 올라가는데 반드시 낮은 곳에서부터 시작해야 하는 것과 같다.

이로부터 '辟'자가 가장 오래된 글자이고, '避, 闢, 僻, 嬖, 譬'는 후에 만들어진 글자임을 알 수 있다. 이와 같은 예를 좀 더 들어보면 다음과 같다.

大一太	弟一悌	說一悅	孰一熟	竟一境
馮一憑	賈一價	屬一囑	共一供	知一智
昏一婚	田一畋	戚一慼	反一返	錯一措

2) 이체자(異體字)

두 개의 글자가 의미가 완전히 일치하여 어떤 상황에서도 서로 바꾸어 쓸 수 있는 것을 말한다. 예를 들면 다음과 같다.

弃=棄　　侄=姪　　逾=踰　　寓=庽

이체자는 각 글자 간의 관계에 따라 다음 몇 가지가 있다.

① 회의자(會意字)와 형성자(形聲字)의 차이

泪(회의자)=淚(형성자)　　耻(회의자)=恥(형성자)

② 의미가 유사한 의부(意符, 부수)로 바뀐 것

敕=勅　　糠=粇　　坑=阬　　嘆=歎　　稟=禀

③ 소리가 유사한 성부(聲符)로 바뀐 것

猿=猨　　韵=韻　　烟=煙　　迹=跡, 蹟

3) 간체자(簡體字)

간체자는 갑골문 시대에서도 찾아볼 수 있다. 역대로 모든 시대에 한자를 간략하게 쓰는 방식이 있어 왔고, 한나라 때의 민간에서는 간체자가 적지 않게 있어 왔다. '乱'자는 북위(北魏) 시대에 이미 출현하였고, 송원(宋元) 이후에 간체자는 민간에서 대량으로 출현하였다. 오늘날 사용하는 간체자는 많은 것이 과거로부터 전해 내려온 것이다. 고문을 공부하려면 번체자를 알아야 하는데, 번체자와 간체자의 관계는 주로 다음의 세 가지로 나누어 볼 수 있다.

① 대다수의 간체자는 번체자와 일대일의 관계가 있다.

爱—愛　　罢—罷　　办—辦　　达—達　　递—遞

矾—礬　　茧—繭　　罗—羅　　窃—竊　　买—買

隶—隸　　粪—糞

② 몇몇 간체자는 고서 속에서 이미 있었는데, 이들은 본자(本字)이거나 이체자·통용자(通用字)인 경우가 많다.

舍—捨(古今字)　　荐—薦(통용자)　　夸—誇(통용자)

踊—踴(통용자)　　启—啓(启는 啓의 본자)　　网—網(网은 網의 본자)

礼—禮(이체자)　　粮—糧(이체자)

③ 어떤 간체자는 번체자와 의미적으로 아무 관련이 없거나 명백히 구별이 되는 데도, 소리가 같기 때문에 필획이 작은 글자가 필획이 많은 글자를 대체하는 경우가 있다. 이런 경우는 특히 주의를 해야 한다. 그런 예를 몇 개 들어보겠다.

ⓐ 后—後

선진 문헌에서는 '后'자가 '前後'의 '後'의 의미로 쓰인 적이 없고, '君主'나 '皇后'의 의미로만 쓰였다. 따라서 이런 경우 '后'자는 절대로 '後'자로 대체될 수 없다.

天子求后於諸侯。(『左傳』襄公十二年)

천자가 제후에게 왕후를 요구하다.

夏后皐之墓也。(『左傳』僖公十二年)

하후(하왕조의 군주) 고(하 걸왕의 조부)의 묘가 있는 곳이다.

'后稷·后羿·后土' 등도 '後'로 바꿀 수 없다.

ⓑ 适—適

고문에서 '适'과 '適'은 다른 글자이다. '适'의 음은 '괄kuò'이고, '適'의 음은 '적shì'이다. 『논어』「헌문(憲問)」의 "南宮适問于孔子曰……"의 '适'은 '適'이 아니다.

ⓒ 征一徵

고문에서 '征'은 주로 '여행, 정벌'의 의미이고, '徵'은 '요구하다, 부르다'의 의미였다, 따라서 두 글자는 절대로 혼용할 수 없었다.

觀國之强弱貧富有徵。(『荀子』「富國」)

한 나라의 강하고 약하고 가난하고 부유한 징조를 관찰한다.

昭王南征而不復。(『左傳』僖公四年)

주 소왕이 남순하다가 돌아오지 못했다.

ⓓ 다음의 몇 글자는 소리가 같다는 이유로 하나의 간체자가 두 개 내지 세 개의 번체자를 대표하고 있다.

余一余, 餘	几一几, 幾	采一采, 採
丑一丑, 醜	里一里, 裏	叶一叶, 葉
并一并, 並, 併	干一干, 乾, 幹	只一只, 隻
发一發, 髮	历一歷, 曆	获一獲, 穫

4. 한자찾기

(1) 자전(字典)과 사전(辭典)

한어(漢語)나 한자(漢字)를 학습하기 위해서는 자전이나 사전이 반드시 필요하다.

그렇다면 자전과 사전은 어떻게 다른 것일까? 자전은 글자 그대로 낱개 글자들에 대해 그 글자의 정확한 형체와 의미 및 음을 비롯하여 이 글자와 관련된 용례 등에 대해 설명한 것이다. 결국 자전은 한 글자에 대한 상세한 설명이 중심이 된다. 이에 반해 사전은 '사(辭)' 또는 '사(詞)'가 단어라는 의미를 갖는 것이므로 하나의 단어에 대한 설명을 위주로 한다. 즉 한 글자가 단독으로 어떤 의미를 갖는가에 대한 설명은 물론, 그 글자와 다른 글자가 합쳐져서 새로운 의미의 단어로 형성될 때 갖게 되는 의미를 모두 수록하고 있다. 역대로 편찬한 주요 자전과 사전들은 다음과 같다.

① 100년 허신(許愼)의 『설문해자(說文解字)』, 표제자 9,353자 수록
② 543년 고야왕(顧野王)의 『옥편(玉篇)』, 표제자 22,000여자 수록
③ 1615년 매응조(梅膺祚)의 『자휘(字彙)』, 표제자 33,179자 수록
④ 1716년 진정경(陳廷敬) 등의 『강희자전(康熙字典)』, 표제자 47,000여 자 수록
⑤ 1915년 육비규(陸費逵) 등의 『중화대자전(中華大字典)』, 표제자 48,000여 자
⑥ 1964년 (한국) 장삼식(張三植)의 『대한한사전(大漢韓辭典)』, 표제자 41,388자 수록
⑦ 1969년의 (대만) 『중문대사전(中文大辭典)』, 표제자 49,905자
⑧ 1990년의 (중국) 『한어대자전(漢語大字典)』, 표제자 56,000여 자
⑨ 1997년의 (한국) 민중서림(民衆書林)의 『한한대자전(漢韓大字典)』, 표제자 약 16,000자
⑩ 2017년의 (한국) 단국대 동양학 연구소의 『한한대사전(漢韓大辭典)』, 표제자 55,000자

(2) 주요 자전과 사전

1) 설문해자(說文解字)

동한의 허신이 화제(和帝) 영원(永遠) 12년(100)에 집필을 시작하여, 21년 후인 안제(安帝) 건광(建光) 원년(121)에 완성한 중국 역사상 최초의 자서로 곧 후대 자전의 시조이다. 부수(部首)를 처음으로 설치하여 540부 표제자 9,353자로 이루어져 있는데, 소전(小篆)을 표제자로 하고 자의(字意)를 설명하고, 다음으로 자형(字形)과 자의·자음(字音) 간의 관계를 설명하였다.

2) 강희자전(康熙字典)

장옥서(張玉書)·진정경 등 30여 명이 황제의 명을 받아 편찬한 책으로, 강희 55년(1716년)에 완성하였다. 명(明)나라 때 매응조의 『자휘』와 장자열(張自烈)의 『정자통(正字通)』을 기초로 하여 편찬하였다. 부수에 따라 214부로 나누었고, 부수는 또한 12지지에 따라 12집으로 나누었으며, 매집은 또한 상·중·하 3권으로 나뉘어져 있다. 획수가 적은 부수를 앞에 놓았고, 같은 부수 안의 글자도 획수에 따라 배열하였다. 표제자 총 47,035자로 이때까지의 자전 중에 가장 많은 글자를 수록하고 있다.

3) 중화대자전(中華大字典)

육비규·구양부(歐陽溥)가 주편한 것으로 1915년 중화서국(中華書局)에서 출판되었다. 『강희자전』을 이어서 출판된 두 번째의 대형 자전으로 역시 부수를 이용해서 배열하였고, 표제자 약 48,000여 자가 수록되어 『강희자전』보다 수록된 글자 수가 많다. 이는 근대의 방언자와 번역에 사용된 새로운 글자가 수록되었기 때문이다.

4) 사원(辭源)

1915년 상무인서관(商務印書館)에서 출판되었다. 육이규(陸爾奎)·방의(方毅) 등 50여 명이 편찬에 참여하였다. 근대에 최초로 출판된 단어를 주로 삼은 사전으로 백과 상식의 내용도 겸하여 포함하고 있다. 『강희자전』의 214개 부수를 사용해서 배열을 하였으며 표제자 아래에 그 글자를 첫 글자로 사용하는 다음자 단어를 다량으로 수록하고 있다. 이 사전은 현대의 한어 사전 편찬에 모범이 되었다. 그러나 비교적 이른 시기의 사전으로 오류의 발생과 시대적인 요구에 부응하여 1958년부터 개정 작업에 들어가 고적을 읽는 사전으로의 역할을 강화하고 백과사전적인 기능을 대폭 줄였다. 개정 후에 표제자 12,890자에 단어 84,134개에 달하는 대형사전으로 재탄생하였다. 총 4권으로 나누어 출판되었고, 1979년 제1권이 출판된 이래로 1983년에 완간되었으며, 1988년에 합본이 나오기도 하였다. 번체자를 사용하였고, 원래의 214개 부수를 208개로 줄였다. 뒤에는 사각번호(四角號碼) 색인과 한어병음 색인이 붙어 있어 검색에 편리하다.

5) 사해(辭海)

1936년에 중화서국(中華書局)에서 출판되었으며, 주편 서신성(舒新城)·심이(沈頤)·장상(張相) 등을 비롯해 100여 명이 집필에 참가하였다. 『사원』보다 늦게 출간되어 체제와 해석에서 장점이 있다. 표제자의 수록에서 『사원』보다 현대 과학의 용어를 많이 수록하였고,

『사원』에 수록된 많이 사용되지 않는 고대의 단어는 삭제하였다. 백과적인 내용이 『사원』보다 높은 비율을 차지한다. 이 때문에 1958년에 개정본을 편찬할 때에 『사원』과 차별이 있는 종합적인 사전으로 편찬할 것을 결정하였다. 개정 작업에는 서신성·진망도(陳望道)의 주도하에 500여 명이 참여하였다. 1965년에 중화서국에서 미완성본이 출판되었고, 1978년 12월에 다시 최종 완성본이 출판되었다. 1979년 상해서사(上海書社)에서 3권본이 출판되었고, 다시 1980년에 축인본(1권본)이 출판되었다. 표제자 14,872자, 단어 91,706조, 총 글자수 1,300여 만자에 달한다. 간체자를 사용하였으며, 원래의 214부를 250부로 조정하였다. 책 앞 「부수검자법검자설명(部首檢字法檢字說明)」과 「자획검자표(筆劃檢字表)」가 있고, 뒤에는 「한어병음색인(漢語拼音索引)」이 있다.

6) 한어대자전(漢語大字典)

주편 서중서(徐中舒)·이격비(李格非)·조진탁(趙振鐸) 등의 주도하에 300여 명이 편찬 작업에 참가하여 1986년 사천사서출판사(四川辭書出版社)와 호북사서출판사(湖北辭書出版社)에서 제1권이 출판되었고 1990년에 완간되었다. 모두 8권 1,500만 자로 이루어져 있다. 표제자는 56,000여 자로 『강희자전』이나 『중화대자전』보다 약 만 자 정도 많다. 한자의 형음의(形音義)의 역사적 발전 과정을 보여주기 위해 자형 방면에서는 표제어 아래에 갑골문(甲骨文)·금문(金文)·소전(小篆)과 예서(隸書)의 자형을 수록하고 있으며, 자음 방면에서는 현대의 독음뿐만 아니라, 중고(中古) 시대의 반절(半切), 상고(上古) 시대의 운부(韻部)를 수록하고 있다. 『강희자전』의 214부로 기초로 200부로 축소하여 편찬하였다.

7) 한어대사전(漢語大詞典)

주편 나죽풍(羅竹風)의 주도로 400여 명이 편찬에 참여하였다. 1986년 상해사서출판사(上海辭書出版社)에서 제1권이 출판되었고, 나머지 권은 1988년 새로 만들어진 한어대사전출판사(漢語大詞典出版社)에서 출판되어 1993년에 총 12권이 완간되었다. 표제자 총 5,000여 만 자로, 수록된 단어의 항목이 37만여 조에 달한다. 부수를 이용해서 배열하였고, 『한어대자전』과 마찬가지로 200부이다.

(3) 검자법(檢字法): 자전에서 한자를 찾는 방법:

한어(漢語)나 한자(漢字) 학습하기 위해, 자전에서 한자를 찾는 방법을 소개하면 다음과 같다.

① 부수법: 부수를 찾은 이후에 부수를 뺀 나머지 획수를 세어 검색
② 필획법: 한자의 총획을 세어서 검색
③ 필순법: 한자의 필획을 一, 亅, 丿, ㇏(또는 丶) 등으로 분류하여 그 글자가 처음 시작 필획의 형태에서 검색
④ 사각호마법(四角號碼法): 찾고자 하는 글자가 분류해 놓은 10가지의 필획 형태 중 어떤 것에 해당하는가를 판단하여 검색
⑤ 한어병음을 이용한 검자법: 발음의 알파벳 순서를 찾은 후에 성조에 따라 검색
⑥ 주음부호를 이용한 검자법: 주음부호의 발음 순서에 따라 찾은 후에 성조에 따라 검색

⑦ 운자를 이용한 검자법: 찾고자 하는 글자를 분류해 놓은 평(平)·상(上)·거(去)·입(入) 4개의 성조에서 찾고 다시 그 안에서 글자의 운에 따라 검색

⑧ 한글자음 검자법: 한자의 발음에 따라서 가나다의 순으로 검색

이러한 검자법은 각기 장단점을 가지고 있으므로 최근의 자전에서는 2가지 이상의 검자법을 동시에 수록하여 사용자들의 편리를 제공하고 있다.

(4) 편방(偏旁)

한자는 하나 또는 그 이상의 필획이 결합하여 어떤 뜻을 가지는 형체를 이룸으로써 만들어진다. '休', '相', '想' 등과 같이 2개 이상의 한자를 합쳐 만든 글자를 일반적으로 합체자(合體字)라고 부르는데, 이 합체자를 구성하는 기본 단위의 글자들을 편방이라고 한다. 현재 자전에 수록되어 있는 수만 개의 한자는 대개 이 편방들이 결합되어 만들어진 글자인데, 그중에서 11,834개의 한자를 분석한 결과에 따르면, 이 글자들에 사용된 편방은 모두 648개라고 한다.

한국에서 사용하고 있는 한자는 대부분 2~3개의 편방으로 만들어졌다. 물론 4개의 편방으로 만들어진 것도 있고 간혹 5개 이상의 편방으로 이루어진 것도 있지만 그 수는 2~3개의 편방으로 만들어진 것에 비하면 상대적으로 매우 적다. 편방들은 그것들을 따로 떼어놓으면 대부분 독립된 하나의 글자로서 사용되고 있다.(岩, 詩, 妄 등) 그러나 어떤 글자들은 따로 떼어 놓으면 독립된 글자

로 쓰이지 못하는 것들도 있다. (字, 杉, 限 등)

편방에는 계급이 존재한다. 예를 들어 도(刀)와 구(口)가 결합하여 소(召)가 되고, 소(召)와 일(日)이 결합하여 소(昭)가 되며, 소(昭)와 화(灬)가 결합하여 조(照)라는 글자가 만들어졌다면, 이때 마지막에 만들어진 照의 입장에서 보면 照의 편방은 灬와 昭이고, 이 중 昭의 편방은 日과 召이며, 이 중 召의 편방은 刀와 口이다. 이러한 과정을 계급으로 따진다면, 照의 1급 편방은 灬와 昭이고, 2급 편방은 日과 召이며, 3급 편방은 刀와 口가 된다. 즉 한 글자를 이루는 가장 큰 편방부터 자세히 분석해간다면 편방의 계급이 정해지게 되는 것이다.

그렇다면 편방과 부수(部首)는 어떻게 다른 것일까? 합체자는 2개 이상의 편방으로 만들어진 한자로 합체자들을 자전에서 찾을 때, 무턱대고 찾을 것이 아니라 편방이 같은 것끼리 모아두면 글자를 찾을 때 매우 편리할 것이다. 이 점을 착안하여 편방 중 많이 사용되는 것을 골라 따로 떼어낸 것이 부수이다. 그래서 동한 때의 자전인 『설문해자』에서는 부수자를 540개로 골랐고, 명대(明代)의 자전인 『자휘』에서는 214개만을 골라 부수로 삼았다. 청대(淸代)의 『강희자전』에서도 이 214개의 부수를 그대로 사용하고 있어, 지금도 많은 자전들이 『강희자전』을 따라 214개의 부수를 채택하고 있다.

따라서 모든 부수는 반드시 편방이지만 모든 편방이 반드시 부수자가 되는 것은 아니다.

(5) 부수(部首)

부수란 동한 때의 허신이 9,353자를 수록한 『설문해자』라는 자전을 만들면서 글자의 검색을 편리하게 하기 위하여 처음 창안한 것이다. 허신은 9,353자의 글자를 하나하나 분석하여 같은 편방을 가지고 있는 글자끼리 따로 모아 모두 540개의 부류로 나누고, 그 글자들이 공통으로 가지고 있는 편방을 부수자로 삼았다. 따라서 글자를 배열할 때는 먼저 우두머리인 부수자를 그 부의 첫머리에 배치하고 다음에 그 부수를 가지고 있는 글자들을 배열하여, 어떤 글자를 알고 싶으면 그 글자가 가지고 있는 부수자를 먼저 찾은 다음 그 안에서 자신이 원하는 글자를 찾도록 하였다. 그런데 540개의 부수도 적지 않은 것이어서 부수를 찾는 것만 해도 많은 시간이 걸렸다.

허신의 부수검자법(部首檢字法)이 만들어진 이후에 편찬된 자전들은 모두 허신의 방법에 따라 540개의 부수를 사용하다가 543년 양(梁)나라의 고야왕(顧野王)이 『옥편(玉篇)』을 편찬하면서 허신의 540부수 중 1개를 빼고 3개를 추가하여 542개로 만들어 사용하기도 하였다. 결국 부수검자법의 편리성에도 불구하고 그 수가 너무 많다고 느꼈으며, 이에 부수의 숫자를 줄이려는 시도가 이루어졌는데 그 대강을 알아보면 다음과 같다.

① 997년 행균(行均)의 『용감수감(龍龕手鑑)』 242개

② 명대(明代) 매응조(梅膺祚)의 『자휘(字彙)』 214개

③ 청대(淸代)의 『강희자전(康熙字典)』 214개: 근대에 이르기까지 한·중·일이 채택

④ 중국의 『한어대자전(漢語大字典)』 200개

⑤ 중국의 『신화자전(新華字典)』 189개

그렇다면 여러 개의 편방으로 이루어진 글자의 경우 어떤 것을 부수로 삼았으며 그 이유는 무엇일까? 이를 알기 위해서는 우선 필순과 편방의 위치 및 글자의 구조에 주목할 필요가 있다. 하나의 글자에 여러 개의 편방이 있을 때 부수를 선정하는 원칙을 정리하면 다음과 같다.

① 상하의 구조일 경우, 아래의 것을 부수로 한다. 예) 含은 口부, 思는 心부

② 좌우의 구조일 경우, 왼쪽의 것을 부수로 한다. 예) 相은 木부, 洪은 水부

③ 안과 밖의 구조일 경우, 바깥의 것을 부수로 한다. 예) 因은 口부, 悶은 門부

④ 중좌(中坐)와 좌상각(左上角)에 모두 있는 경우, 중좌에 있는 것을 부수로 한다.
예) 坐는 土부, 半은 亅(갈고리 궐)부

⑤ 하와 좌상각 또는 우와 좌상각에 모두 있을 경우, 아래나 오른쪽에 있는 것을 부수로 한다.
예) 努는 力부, 凱는 几(안석 궤)부

⑥ 한 획 부수와 여러 획 부수가 모두 있을 때는 여러 획 부수자를 부수로 한다.
예) 吾의 경우 위의 五는 一부, 아래는 口부일 때 여러 획인 口부로 한다.

한자부수

一	丨	丶	丿	乙	亅
①한일	뚫을곤	점	삐침	새을	갈고리궐
冖	冫	几	凵	刀(刂)	力
민갓머리	이수	안석궤	위터진입구	칼도	힘력
厂	厶	又	口	囗	土
기슭엄	사사사	또우	③입구	큰입구	흙토
宀	寸	小	尢	尸	屮
갓머리	마디촌	작을소	절름발이왕	주검시	풀철
广	廴	廾	弋	弓	彑(彐)
엄호	민책받침	밑스물입	주살익	활궁	터진가로왈
攴(攵)	文	斗	斤	方	无(旡)
등글월문	글월문	말두	날근	모방	이미기
殳	毋	比	毛	氏	气
갖은등글월문	말무	견줄비	터럭모	각씨씨	기운기
牙	牛(牜)	犬(犭)	玄	玉(王)	瓜
어금니아	소우	개견	⑤검을현	구슬옥	오이과
癶	白	皮	皿	目	矛
필발	흰백	가죽피	그릇명	눈목	창모
竹(⺮)	米	糸	缶	网(罒)	羊(⺷)
⑥대죽	쌀미	실사	장군부	그물망	양양
臣	自	至	臼	舌	舛
신하신	스스로자	이를지	절구구	혀설	어길천
行	衣(衤)	襾(西)	見	角	言
다닐행	옷의	덮을아	⑦볼견	뿔각	말씀언
足	身	車	辛	辰	辵(辶)
발족	몸신	수레차	매울신	별진	책받침
阜(阝)	隶	隹	雨	靑	非
언덕부	미칠이	새추	비우	푸를청	아닐비
飛	食(飠)	首	香	馬	骨
날비	밥식	머리수	향기향	⑩말마	뼈골
鳥	鹵	鹿	麥	麻	黃
새조	소금밭로	사슴록	보리맥	삼마	⑫누를황
鼻	齊	齒	龍	龜	龠
⑭코비	가지런할제	⑮이치	⑯용룡	거북귀	⑰피리약

일람표

二	亠	人(亻)	儿	入	八	冂
②두이	돼지해	사람인	어진사람인	들입	여덟팔	멀경
勹	匕	匚	匸	十	卜	卩(㔾)
쌀포	비수비	터진입구	터진에운담	열십	점복	병부절
士	夂	夊	夕	大	女	子
선비사	뒤져올치	천천히걸을쇠	저녁석	큰대	계집녀	아들자
山	巛	工	己	巾	干	幺
메산	개미허리	장인공	몸기	수건건	방패간	작을요
彡	彳	心(忄)	戈	戶	手(扌)	支
터럭삼	두인변	④마음심	창과	지게호	손수	지탱할지
日	曰	月	木	欠	止	歹(歺)
날일	가로왈	달월	나무목	하품흠	그칠지	죽을사
水(氵)	火(灬)	爪(爫)	父	爻	爿	片
물수	불화	손톱조	아비부	점괘효	장수장	조각편
瓦	甘	生	用	田	疋	疒
기와와	달감	날생	쓸용	밭전	필필	병질안
矢	石	示(礻)	禸	禾	穴	立
화살시	돌석	보일시	발자국유	벼화	구멍혈	설립
羽	老(耂)	而	耒	耳	聿	肉(月)
깃우	늙을로	말이을이	쟁기뢰	귀이	오직율	고기육
舟	艮	色	艸(艹)	虍	虫	血
배주	머무를간	빛색	풀초	범호	벌레충	피혈
谷	豆	豕	豸	貝	赤	走
골곡	콩두	돼지시	갖은돼지시	조개패	붉을적	달아날주
邑(阝)	酉	釆(采)	里	金	長	門
고을읍	닭유	분별할변	마을리	⑧쇠금	길장	문문
面	革	韋	韭	音	頁	風
⑨낯면	가죽혁	가죽위	부추구	소리음	머리혈	바람풍
高	髟	鬥	鬯	鬲	鬼	魚
높을고	터럭발	싸울투	술창	솥력	귀신귀	⑪고기어
黍	黑	黹	黽	鼎	鼓	鼠
기장서	검을흑	바느질할치	⑬맹꽁이맹	솥정	북고	쥐서

5. 필순(筆順)

필순은 한자를 쓰는 순서를 말한다. 한자는 가로 세로가 교차하는 구성으로 이루어져 있으면 필획도 많고 방향도 다양하여 쓰는 데에 정해진 규칙이 있어 이를 무시하고 맘대로 써서는 안 된다. 또한 필순을 익히면 한자를 빨리 정확히 쓰는 데에도 도움이 되니 반드시 익혀야 한다. 한자의 필순은 대강 다음과 같이 정리해 볼 수 있다.

(1) 위에서부터 아래로 쓴다. 예) 三·言·了

(2) 왼쪽에서 오른쪽으로 쓴다. 예) 川·明·側

(3) 좌우 대칭일 때는 가운데를 먼저 쓰고 왼쪽 오른쪽 순으로 쓴다. 예) 小·水·樂

(4) 가로획과 세로획이 교차될 때는 가로획을 먼저 쓴다. 예) 十·木·古

(5) 가운데를 꿰뚫는 세로획은 나중에 쓴다. 예) 中·車·串

(6) 글자의 중간을 끊는 가로획은 나중에 쓴다. 예) 女·母·毋

(7) 책받침은 나중에 쓴다. 예) 道·遠·送

(8) 오른쪽에 있는 점은 맨 나중에 찍는다. 예) 犬·玉·茂

(9) 바깥쪽을 먼저 쓴 후에 안쪽을 쓴다. (이때 아래쪽 가로획은 제일 나중에 쓴다) 예) 國·田·因

(10) 삐침은 파임보다 먼저 쓴다. (왼쪽으로 향하는 획을 삐침, 오른쪽으로 향하는 획을 파임이라 한다. 예) 人·木·父

(11) 위쪽이 트인 글자는 안쪽부터 쓴다. 예) 凶·函

6. 어휘구성(구와 단어)

한어의 이음절화는 한어 어휘 발전의 기본 추세이다. 고문의 단어는 대부분 단음절이고, 현대 한어는 기본적으로 이음절이다. 통계에 의하면『논어』,『맹자』중에 단음절 단어가 70% 이상이고, 이음절 단어는 30%에도 미치지 못한다고 한다. 그러나 현대의 정론 문장 중에는 이음절 단어가 80%를 초과한다.

한어의 이음절화는 상고 시대부터 시작되었는데, 주로 다음의 두 가지 방법에 의해서였다.

(1) 연면사(聯綿詞)의 출현

연면사는 방황(彷徨), 배회(徘徊)처럼 두 개의 글자가 서로 이어져 붙어있어 분리되지 않는 단어를 말한다. 방불(彷佛), 요조(窈窕), 앵무(鸚鵡), 호접(胡蝶), 팽배(澎湃), 포도(葡萄) 등도 연면사이다.

(2) 합성사(合成詞)

합성사는 한어 어휘가 이음절이 되는 데에 주요한 역할을 하였다. 합성사는 두 개의 단음절 단어가 임시로 구를 구성하였다가 후에 다음절 단어로 고착이 되는 과정을 거쳤다. 예를 들면 다음과 같다.

丘也聞, 有**國**有**家**者, 不患寡而患不均, 不患貧而患不安。
(『論語』「季氏」)

내 들으니, 나라를 가진 제후나 가읍을 가진 대부는 토지가 적은 것을 걱정하지 않고, 균등하지 못한 것을 걱정하며, 가난한 것을 걱정하지 않고 편안하지 못한 것을 걱정한다 하더라.

老夫其**國家**不能恤, 敢及王室。(『左傳』昭公二十四年)

늙은이가 그 나라와 가읍을 근심할 수 없는데 감히 왕실에 미치겠습니까?

常思奮不顧身, 以徇**國家**之急。(司馬遷,「報任安書」)

항상 분발하여 자신을 돌보지 않고, 국가의 안위를 위해 자신의 목숨을 바칠 것을 생각했습니다.

선진 시기 '國'은 제후의 봉지였고, '家'는 대부의 봉지였다. 한나라 때에 이르러 '國家'가 가리키는 것이 전국을 다스리는 정권이 되어 선진 시기의 '天下'에 상당하게 되었다.

이런 방식을 통해 고문에서도 후대로 올수록 이음절의 단어를 구성하게 되었다.

-두 음절 이상의 어휘(혹은 구)를 이루는 형태

慷慨(강개), 豪放(호방), 悲憤(비분)처럼 각 글자의 의미가 합쳐져서 유사한 의미로 파생되는 경우가 있다.

-고대 시에는 주로 1음절 어휘를 사용, 후대로 오면서 산문에서는 2음절 어휘를 많이 사용

父→父親 基→基礎 國→國家 經→經濟 臣→臣下: 接尾

生→學生 神→精神 史→歷史 治→政治: 接頭

中+文 唐+詩 古+今

제2부 중국어 고문의 문법이해

I. 고문의 품사

1. 명사

고문에서 명사는 5가지 나누어 볼 수 있다.

(1) 고유명사: 특정 사물의 명칭을 표시하는 것으로 '伊尹, 周, 咸陽' 같은 것들이 이에 해당한다.

(2) 보통명사: 사람이나 사물의 총칭을 표시하는 것으로 '人, 馬, 黍' 같은 것들이 이에 해당한다.

(3) 추상명사: 추상 개념의 명칭을 표시하는 것으로 '仁, 義, 禮' 같은 것들이 이에 해당한다.

(4) 시간명사: 시간의 명칭을 표시하는 것으로 '日, 月, 夕' 같은 것들이 이에 해당한다.

(5) 방위명사: 방위의 명칭을 표시하는 것으로 '南, 北, 前, 後' 같은 것들이 이에 해당한다.

2. 동사

주로 서술어로 쓰여 동작의 행위, 변화, 관계 등을 표시한다.

예를 들면 桀紂亡。(『莊子』「外物」)의 '亡', 余收爾骨焉(『左傳』僖公三十二年)의 '收' 같은 것이다.

3. 형용사

사람이나 사물의 성질이나 상태를 표시하는 것으로 '高, 大, 善, 惡' 같은 것들이 이에 해당한다. 문장에서 주로 서술어, 관형어, 부사어, 보어 등으로 쓰인다. 고문의 형용사는 대부분 단음절인데, 쌍음절 형용사는 '倉猝', '慷慨', '蕭蕭', '灼灼'처럼 연면사(聯綿詞)나 첩음사(疊音詞)인 것이 대부분이다.

4. 수사

(1) 기수

一, 十, 百, 千과 같은 것을 말한다. 춘추시기 이전에는 '十'은 정수(整數)이고, '十'이하의 수는 우수리로 여겼다. 그래서 '十'뒤에 '有'자를 넣어야만 했다. '十有二州', '五十有九'와 같은 것이다. '百'과 '十'사이도 마찬가지로, '期三百有六旬有六日。'(『尙書』「堯典」)과 같은 것이다. 그러나 '十九年', '七十二君'과 같은 표현도 있어 당시의 구어에서는 '有'자를 사용하지 않았다고 볼 수 있다.

(2) 서수

1) 기수를 사용해서 표시한다.

一鼓作氣, 再而衰, 三而竭。(『左傳』「莊公十年」)

한 번 북을 치면 병사들의 투지가 치솟습니다. (교전이 이뤄지지 않아) 두 번째 북을 치면 투지가 떨어집니다. (그래도 교전이 이뤄지지 않아) 세 번째 북을 치게 되면 투지가 완전히 소진되고 맙니다.

또한, 연월을 표시할 때로 '第'자를 덧붙이지 않는다.

趙惠文王十六年, 廉頗爲趙將。(『史記』「廉頗藺相如列傳」)

조나라 혜문왕 16년에 염파가 조나라 장군이 되었다.

2) 기수 앞에 '第'자를 붙인다.

云有第三郎, 窈窕世無雙。(「古詩爲焦仲卿妻作」)

말하기를 "셋째 도련님이 계시는데, 잘 생기신 것이 세상에 둘도 없습니다."라고 하네.

(3) 배수

일반적으로 기수를 사용해서 표시하거나 특정한 명칭을 사용해서 표시한다.

夫物之不齊，物之情也。或相倍蓰，或相什百，或相千萬。(『孟子』「滕文公上」)

물건이 똑같지 않음은 물건의 실상이다. 그러므로 값의 차이가 혹은 서로 배가 되고 다섯 배가 되며, 혹은 서로 열 배가 되고 백 배가 되며, 혹은 서로 천 배가 되고 만 배가 된다.

'倍'는 한 배를 표시하고, '蓰'는 다섯 배, '什', '百', '千', '萬'은 각각 열 배, 백 배, 천 배, 만 배를 표시한다.

(4) 분수

1) 분모와 분자 사이에 "分+명사+之"를 사용한다.

二十一度四分度之一。(『後漢書』「律曆上」)

21도 4분의 1

2) 분모와 분자 사이에 "명사+之"를 넣기도 한다.

大都不過參國之一。(『左傳』「隱公元年」)

큰 고을의 성은 도성의 3분의 1로 되어 있습니다.

3) 명사를 생략하고 분모와 분자 사이에 '分'과 '之'만 넣을 수 도 있다.

關中之地, 於天下三分之一。(『史記』「貨殖列傳」)

관중의 땅은 천하의 삼분의 일이다.

4) 분모와 분자 사이에 '分'이나 '之'만을 사용하기도 한다.

子一分。丑三分二, 寅九分八。(『史記』「律書」)

자는 1푼이다. 축은 황종의 3분의 2이다. 인은 황종의 9분의 8이다.

於舜之功二十之一矣。(『左傳』「文公十八年」)

순임금의 공적에 비교한다면 20분의 1입니다.

5) 분모와 분자가 서로 연결되어 있기도 하다. 이런 경우 분모는 반드시 整數(정수)이어야 하며, 고문 속에 많이 등장하니 오독을 하지 않도록 주의해야 한다.

會天寒, 士卒墮指者十二三。(『史記』「高祖本紀」)

마침 추위가 닥치자 병사들 중 동상으로 손가락이 떨어진 자가 열 명 중 두세 명은 되었다.

藉弟令勿斬, 而戍死者固十六七。(『史記』「陳涉世家」)

만약 죽음을 면한다 해도, 변방을 지키다 죽는 자는 본래 열 중 여섯 일곱 명은 된다.

(5) 어림수

'詩三百, 一言以蔽之, 曰: 思無邪。'(『論語』「爲政」)처럼 정수를 사용해서 대략의 숫자를 표시하기도 한다. 또한 서로 이어지는 두 개의 숫자를 사용해서 어림수를 표시하기도 하는데, '童子六七人。'(『論語』「先進」)과 같은 것이다. '年且九十。'(『列子』「湯問」)처럼 수사 앞에 '可, 且, 垂, 將'자를 붙이거나 수사 뒤에 '所, 許, 餘'자를 붙여 어림수를 표시하기도 한다. '數日'처럼 명사 앞에 '群, 諸, 數' 등의 글자를 붙이기도 한다.

(6) 허수(虛數)

'三'과 '九'는 종종 허수를 표시하기도 한다. 淸나라 汪中은 『述學』「釋三九」에서 다음과 같이 말하였다.

> 古人之措辭, 凡一二之所不能盡者, 則約之以三以見其多。三之所不能盡者, 則約之以九以見其極多, 此言語之虛數也。
>
> 옛날 사람들이 문장을 지을 때, 1이나 2로써 다할 수 없는 것은 그것을 어림하여 3으로써 그 많음을 드러내었다. 3으로써 다할 수 없는 것을, 그것을 어림하여 9로써 아주 많은 것을 드러내었으니, 이것은 허수의 말이다.

「離騷」의 '雖九死其猶未悔。(비록 아홉 번 죽어도 오히려 후회하지 않을 것이다.)'가 그 예이다.

또한 '十二', '三十六', '七十二', '百', '千', '萬' 등으로 허수를 나타내기도 한다.

軍書十二卷。(「木蘭辭」)

군서 12권.

是故百戰百勝, 非善之善者也。(『孫子』「謀攻」)

그러므로 백 번 싸워 백 번 이기는 것은 최상의 방법이 아니다.

(7) 숫자를 묻는 방법

'幾, 幾何, 多少' 등을 사용해서 수를 묻는다.

人間能得幾回聞?(杜甫, 「贈花卿」)

인간 세상에서 몇 번이나 들을 수 있겠는가?

君所治夷滅者幾何人矣?(『史記』「酷吏列傳」)

그대가 판결한 사건으로 일족이 전멸한 자가 몇 명인지 아시오?

卿於水厄多少?(『洛陽伽藍記』「正覺寺」)

경은 물에서 위험을 몇 번이나 당하셨소?

5. 양사

단위사(單位詞)라고도 하며, 많은 양사는 대부분 보통 명사가 변화한 것이며, 그들의 본래의 의미에서 파생된 것이다. 예를 들면 "顆"자는 본래 작은 머리라는 의미인데, 후에 양사로도 쓰여 작고 둥근 물건을 세는 데 사용되었다.

양사는 "個, 枚" 등과 같이 명사와 결합하여 사물의 단위를 지칭하는 물량사(物量詞)와 "次, 回"와 같이 동사와 결합하여 행위 단위를 지칭하는 동량사(動量詞)로 나눌 수 있다.

(1) 물량사(物量詞)

물량의 표현 방법은 변화 발전하였는데, 선진 시기에는 통상적으로 수사+명사의 방법을 사용하였다.

一言以蔽之。(『論語』「爲政」)

한 마디로써 그것을 개괄하다.

請獻十金。(『墨子』「公輸」)

십 금을 바치고자 합니다.

명사+수사의 방법도 있다.

牛一, 羊一。(『尙書』「召誥」)

소 한 마리, 양 한 마리.

車五百。(『左傳』哀公十五年)

병거 오백 대.

명사+수사+양사의 방법도 있다.

冉子與之粟五秉。(『論語』「雍也」)

염유가 그에게 다섯 줌의 곡식을 주었다.

수사+양사+명사의 방법도 있다.

一簞食, 一瓢飮。(『論語』「雍也」)

한 대나무 그릇의 밥과 한 표주박의 물.

猶以一杯水救一車薪之火也。(『孟子』「告子上」)

한 잔의 물로 한 수레의 장작에 난 불을 구하려는 것과 같다.

한대(漢代)에 이르러서는 용량 단위뿐만 아니라 자연 단위도 모두 명사의 앞에 올 수 있었다.

一尺布, 尙可縫。一斗粟, 尙可舂。(『史記』「淮南衡山列傳」)

한 자의 베도 오히려 꿰맬 수 있고, 한 말의 곡식도 절구질할 수 있다.

安邑千樹棗。(『史記』「貨殖列傳」)

안읍의 천 그루의 대추나무.

이런 현상은 중고(中古) 시기 이후에는 아주 보편적인 현상이었다.

(2) 동량사(動量詞)

동량사가 나오기 전에 동작의 양의 표시는 수사+동사로 하였다.

三過其門而不入。(『孟子』「滕文公上」)

세 번 자기 집의 문 앞을 지나갔으나 들어가지 않았다.

一戰而擧鄢郢, 再戰而燒夷陵, 三戰而辱王之先人。(『史記』「平原君列傳」)

한 번 싸워 언과 영을 점령하고 두 번 싸워 이릉을 불태우고 세 번 싸워 왕의 선친을 욕보였다.

동량사는 비교적 늦게 한대(漢代) 이후에 나왔는데, 대부분 동사가 허사화된 것이다.

復以白酒一過洗腸中。(『齊民要術』卷8)

다시 백주로 한 번 창자 속을 씻어낸다.

동량사가 나온 이후 동작의 양을 표시하는 방법은 두 가지가 있는데, 그중의 하나가 수사+동량사+동사이다.

九度附書向洛陽。(杜甫, 「天邊行」)

아홉 번 편지를 낙양으로 부쳤다.

人間能得幾回聞。(杜甫, 「贈花卿」)

인간 세상에서 몇 번이나 들을 수 있겠는가?

다른 하나는 동사+수사+동량사이다.

吾於書讀不過三遍, 終身不忘。(韓愈, 「張中丞傳後敍」)

나는 단지 세 번만 책을 읽으면 평생 잊어버리지 않는다.

6. 대명사

(1) 인칭대명사

현대 한어에 비해 대명사의 사용은 매우 적었는데, 그 원인은 두 가지이다. 하나는 주어가 생략되는 것이 비교적 많았고, 3인칭 대명사는 일반적으로 주어로 사용되지 않았다. 다른 하나는 겸칭이나 존칭이 대명사를 대신했기 때문이다. '寡人, 不穀, 臣, 小人'과 같은 것이 겸칭이고, '大王, 子, 先生, 足下'와 같은 것이 존칭이다. 이밖에 자신의 이름(名)을 스스로 부르는 것은 겸칭이고, 다른 사람의 자(字)를 부르는 것은 존칭이다. 인칭대명사는 네 가지로 나눌 수 있다.

1인칭대명사: 吾, 我, 余, 予, 卬, 台
2인칭대명사: 女(汝), 爾, 乃, 若, 而, 君
3인칭대명사: 彼, 其, 伊, 渠, 厥
자칭대명사: 自, 己, 身

(2) 지시대명사

근칭지시대명사: 此, 是, 斯, 玆, 時, 之

원칭지시대명사: 彼, 夫, 其, 厥

부정지시대명사: 莫, 無, 毋, 靡

(3) 의문대명사

誰, 孰(사람), 何, 曷, 胡, 奚(사물), 惡(=烏), 安, 焉(장소) 등이 있다.

7. 부사

(1) 정도부사: 동작이나 사물의 성질의 정도를 나타내는 것으로 '少, 略, 愈, 彌, 滋, 甚, 孔, 殊, 頗, 最, 至, 極, 絶, 良, 重, 太' 등이 있다.

願大王**少**留意, 臣請奏其效。(『戰國策』「秦策一」)

원컨대 대왕께서 잠깐만 유의해 주십시오, 신이 그 효과에 대해서 말씀드리고자 합니다.

此數者**愈**善, 而離楚**愈**遠耳。(『戰國策』「魏策四」)

이에 여러 차례 말한 것들이 뛰어날수록, 초나라로부터는 그만큼 더 멀어질 뿐이오.

(2) 범위부사: 동작이나 사물의 성질의 범위를 나타내는 것으로 '皆, 悉, 盡, 遍, 並, 咸, 畢, 俱, 齊, 總, 凡, 徒, 直, 但, 第, 僅, 唯, 獨' 등이 있다.

故言富者, **皆**稱陶朱公。(『史記』「貨殖列傳」)

그러므로 큰 부자들에 대해 이야기할 때 모두 도주공이라 한다.

項羽**悉**引兵渡河, 遂破章邯。(『史記』「張耳列傳」)

항우는 모든 병사를 이끌고 황하를 건너 드디어 장한을 격파하였다.

(3) 시간부사: 동작 발생의 시간을 나타내는 것으로 '已, 業, 曾, 將, 旋, 尋, 便, 終, 迄, 訖, 才, 始, 甫, 常, 恒, 方, 正, 適, 會, 鼎, 嘗, 既, 且, 行, 垂, 暴, 卒, 亟, 遽, 本, 竟' 등이 있다.

若僕大質**已**虧缺矣。(司馬遷, 「報任少卿書」)

저와 같은 사람은 신체가 이미 망가졌다.

天子**業**出兵誅宛。(『漢書』「李廣利傳」)

천자께서는 벌써 출병하여 완을 베었다.

(4) 빈도부사: 동작의 빈도, 중복, 연속 행위 등을 나타내는 것으로 '仍, 連, 又, 累, 頻, 數, 亟, 屢, 複, 更' 등이 있다.

北狄破滅, 名王**仍**降。(『後漢書』「和帝紀」)

북적이 파괴되어 없어지자 명왕이 거듭 항복하였다.

羽因留, **連**戰不能下。(『漢書』「項籍傳」)

항우가 머물러 있었기 때문에 연속해서 싸워도 이길 수가 없었다.

(5) 어기부사: 각종 어기를 나타내는 것으로 '或, 庶, 詎, 豈, 必, 誠, 實, 竟, 獨, 則, 猶, 其' 등이 있다.

天**或**啓之, 必將爲君。(『左傳』宣公三年)

하늘이 혹 그를 크게 만들고자 한다면 반드시 장차 군주가 될 것이다.

我君景公引領西望, 曰, **庶**撫我乎!(『左傳』成公十三年)

우리 임금 경공은 목을 늘여 서쪽을 바라보며 말씀하시기를 "이제 대략 우리를 위로하여 도와줘야 하지 않겠는가."라고 했습니다.

(6) 부정부사: 부정 의미를 표시하는 것으로 '弗, 勿, 不, 未, 毋, 莫, 否, 非, 罔' 등이 있다.

罔罪爾衆。(『尙書』「盤庚下」)

그대들에겐 죄가 없다.

亟請於武公。公**弗**許。(『左傳』隱公元年)

자주 무공에게 청하였으나 무공이 허락하지 않았다.

(7) 관계부사: 앞 문장을 잇는 것을 나타내 주는 것으로 '乃, 即, 輒, 遂' 등이 있다.

因入京師觀太學, **遂**通五經。(『後漢書』「張衡傳」)

이에 경사에 들어가 태학을 참관하고는 드디어 오경에 통달하게 되었다.

(8) 정태부사: 동작의 정태를 나타내는 것으로 '良, 故, 特, 反, 顧, 漸, 忽, 適, 幾, 果, 猶, 亦, 姑' 등이 있다.

桓公**故**使人問之。(『韓非子』「喩老」)

채나라 환공이 그래서 사람을 시켜 그 까닭을 물었다.

帝**果**殺吾子。(『史記』「梁孝王世家」)

황제가 과연 내 아들을 죽였구나!

8. 전치사

명사·대명사 또는 명사성 어구의 앞에 위치하여 문장의 의미를 더욱 완정하게 하는 역할을 한다. '於, 以, 由, 在, 爲, 用, 乎, 自, 與' 등이 자주 쓰이며 시간, 장소, 원인, 방식, 도구, 대상 등을 이끌어 낸다.

子**於**是日哭, 則不歌。(『論語』「述而」)

공자께서 이날에 곡을 하시며 노래를 부르지 않으셨다.

子路宿**於**石門。(『論語』「憲問」)

자로가 석문에서 유숙하였다.

用此, 其將兵數困辱。(『史記』「李廣利傳」)

이 때문에 그는 싸움터에서 자주 적에게 곤욕을 당했다.

以戈逐子犯。(『左傳』僖公二十三年)

창을 들고 자범을 쫓아가 찌르려고 했다.

苛政猛**於**虎。(『禮記』「檀弓」)

가혹한 정치가 호랑이보다 무섭다.

9. 접속사

⑴ 병렬 접속사: 병렬 관계의 단어나 구 또는 문장을 연결해 주는 것으로 '與, 及, 曁, 而, 以' 등이 있다.

狐偃其舅也, 而惠**以**有謀。(『國語』「晉語四」)

호언이 그 삼촌으로 인자하면서 지모가 뛰어났다.

⑵ 연속 접속사: 동작이 앞뒤로 연속되거나 사건의 전후 맥락이 서로 관련 있는 단어나 문장을 연결해 주는 것으로 '以, 卽, 於是' 등이 있다.

回也聞一**以**知十。(『論語』「公冶長」)

안회는 한 번 들으면 열을 안다.

於是乘其車, 揭其劍, 過其友曰, 孟嘗君客我!(『戰國策』「齊策」)

이에 수레를 타고 칼을 높이 들고 그의 친구를 방문하여 "맹상군이 나를 빈객으로 대우해 준다."고 하였다.

⑶ 점층 접속사: 점층 관계에 있는 단어와 문장을 연결해 주는 것으로 '而, 且, 況, 非徒, 非但, 非特, 何況, 況於, 矧' 등이 있다.

矧今之人, 曾不是思。(柳宗元, 「敌戒」)

하물며 지금 사람은 일찍이 이것을 생각하지 못한다.

(4) 선택 접속사: 취사선택 관계에 있는 구를 연결해 주는 것으로 '將, 抑, 若, 如, 且, 與……寧, 與其……寧(不如, 孰若), 寧……無' 등이 있다.

與人刃我, **寧**自刃。(『史記』「魯仲連列傳」)

다른 사람이 나를 죽이는 것보다 차라리 자살하는 편이 낫겠다

(5) 전환 접속사: 전환 관계의 단어나 구를 연결해 주는 것으로 '然, 而, 但, 然而' 등이 있다.

然不自意能先入關破秦。(『史記』「項羽本紀」)

그런데 뜻밖에도 제가 먼저 함곡관에 들어가 진나라를 무찔렀습니다.

(6) 양보 접속사: 양보 관계의 구를 연결해 주는 것으로 '雖, 縱, 卽, 就' 등이 있다.

雖衆, 無所用之。(『左傳』僖公四年)

비록 많으나 그것을 쓸데가 없구나.

(7) 인과 접속사: 인과 관계의 구를 연결해 주는 것으로 '以, 爲, 因, 由, 故, 是故, 是以, 以故' 등이 있다.

彼竭我盈, **故**克之。(『左傳』莊公十年)

적군은 사기가 사그라지고 아군은 사기가 왕성하였으므로 이길 수 있었던 것입니다.

(8) 가정 접속사: 가정 관계의 구를 연결해 주는 것으로 '若, 苟, 使, 令, 而, 卽, 則, 設使, 向使, 若使, 藉使, 自非' 등이 있다.

子産**而**死, 誰其嗣之?(『左傳』襄公三十年)

자산이 죽는다면 누가 그 뒤를 잇겠는가?

(9) 조건 접속사: 조건 관계의 구를 연결해 주는 것으로 '非, 除, 無' 등이 있다.

凡物**無**成與毁, 復通爲一。(『莊子』「齊物論」)

만물은 완성도 파괴도 없으면 통틀어 하나가 된다.

10. 조사

(1) 구조조사: 문장 성분 사이의 구조 관계를 나타내주는 조사로 '之, 以, 而, 是' 등이 있다.

余曁**以**南屬越, 錢唐**以**北屬吳。(『論衡』「書虛」)

여기는 남쪽으로 월에 속하고 전당은 북으로 오에 속한다.

操蛇**之**神聞之, 懼其不已也。(『列子』「湯問」)

조사의 신이 그것을 듣고 그만두지 않을까 두려웠다.

啓呱呱**而**泣。(『尙書』「皐陶謨」)

아들 계가 엉엉 울었다.

豈不穀是爲? 先君之好**是**繼。(『左傳』僖公四年)

어찌 제후들이 불곡(과인) 때문에 이리하겠소? 모두 선군 때 맺은 우호 관계를 지속시키기 위한 것이오.

(2) 음절조사: 구 속에서 음절을 모으는 작용을 하는 조사로 '伊, 曰, 言, 其, 之, 思, 云' 등이 있다.

不可畏也, **伊**可懷也。(『詩』「豳風·東山」)

걱정할 거 없다. 그리울 뿐이다.

太史公曰, 余登箕山, 其上蓋有許由塚**云**。(『史記』「伯夷列傳」)

태사공이 말하기를 "나는 기산에 올라가 본 적이 있는데, 그 산 위에 허유의 무덤이 있다는 말을 들었다."라고 하였다.

(3) 어기조사: 문장에서 어감을 표시해 준다.

1) 진술어감을 표시해 주는 조사로는 '也, 矣, 焉, 耳, 爾, 已, 者, 然'이 있다.

吾視郭解, 狀貌不及中人, 言語不足采**者**。(『史記』「遊俠列傳」)

나는 곽해를 본 적이 있는데, 그 얼굴 모습은 보통 사람에 미치지 못하였고, 말솜씨도 본받을 만한 것이 없었다.

無若宋人**然**。(『孟子』「公孫丑上」)

송나라 사람과 같이하지 말 것이다.

2) 의문어감을 표시해 주는 조사로는 '哉, 也, 與(=歟), 者, 爲, 乎, 耶, 邪' 등이 있다.

君而不可, 尙誰可**者**?(『漢書』「張湯傳」)

그대가 할 수 없다면 오히려 누가 할 수 있겠습니까?

何故深思高擧, 自令放**爲**?(『楚辭』「漁父」)

무슨 까닭으로 깊이 생각하며 고고하게 처신하다가 스스로 쫓겨남을 당하셨소?

3) 감탄의 어감을 표시해 주는 조사로는 '也, 哉, 夫, 乎, 矣' 등이 있다.

惡, 是何言**也**!(『孟子』「公孫丑上」)

아! 이것이 무슨 말인가?

4) 발어사로 '夫, 惟, 蓋' 등이 있다.

蓋天下萬物之萌生, 靡不有死。(『史記』「文帝本紀」)

대개 천하 만물 중 싹이 나서 죽지 않는 것은 없다.

5) 추측의 어감을 표시해 주는 조사로는 '夫, 乎, 與' 등이 있다.

舜其大孝也**與**!(『禮記』「中庸」)

순임금은 대단한 효자이시다!

6) 기원, 금지를 표시해 주는 조사로는 '也, 矣' 등이 있다.

毋從俱死**也**!(『史記』「項羽本紀」)

함께 죽는 길을 따르지 말라!

11. 감탄사

감탄의 소리나 응답의 소리를 나타내 주는 것으로 문장에서 독립적으로 사용된다. 주로 사용되는 감탄사로는 '惡, 吁, 唉, 噫, 嗚呼, 噫嘻, 嗟乎' 등이 있고, 응답사로는 '唯, 諾, 嘻, 吁, 嗟, 嗟來'가 있다.

II. 고문의 구조

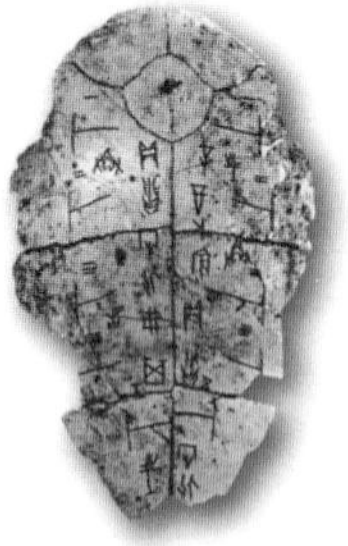

1. 주술 구조(주어 + 서술어)

地震(땅이 흔들리다)　　山高(산이 높다)

春來(봄이 오다)　　花開(꽃이 피다)

2. 술목 구조(서술어 + 목적어)

讀書(책을 읽다)　　耕田(밭을 갈다)

乘車(수레를 타다)　　植木(나무를 심다)

3. 술보 구조(서술어 + 보어)

入學(학교에 들어가다)　　出戰(전쟁에 나가다)

歸家(집으로 돌아가다)　　報國(나라의 은혜를 갚다)

4. 수식 구조(수식어 + 피수식어)

高山(높은 산)　　明月(밝은 달)

流水(흐르는 물)　　走馬(달리는 말)

5. 병렬 구조

大小(대소)　强弱(강약)　長短(장단)　貧富(빈부) - 대립적 병렬

富貴(부귀)　希望(희망)　土地(토지)　巨大(거대) - 유사적 병렬

III. 구

고문에서 단어와 단어는 일정한 규칙에 따라 다른 구를 만들 수 있다. 고문에서 구는 구성 방식에 따라 대개 다음과 같이 나누어진다.

1. 주술구

都城過百雉, 國之害也。(『左傳』隱公元年)

고을의 성이 일백 치(성벽 3장의 길이)가 넘는 것은 나라에 해롭습니다.

여기에서 '都城過百雉'은 주어가 된다.

此屬畏陛下不能盡封。(『史記』「留侯世家」)

이 무리들은 폐하께서 다 봉해주시지 않을 것을 두려워한다.

여기에서 '陛下不能盡封'은 '畏'목적어가 된다.

2. 술목구

賊民之主, 不忠。(『左傳』宣公二年)

백성들의 주인을 죽이는 것은 불충이다.

여기에서는 주어인 '賊民之主'가 술목구로 이루어져 있다.

3. 수식구

紫貴甚。(『韓非子』「外儲說左上」)

자주색 옷감이 매우 비싸졌다.

여기에서는 술어인 '貴甚'에서 '甚'이 '貴'를 수식해주는 구조로 되어 있다.

北山愚公者年且九十。(『列子』「湯問」)

북산의 우공은 나이가 곧 90이다.

여기에서는 주어인 '北山愚公'이 수식 구조로 되어 있다.

4. 연결구

懷與安, 實敗名。(『左傳』僖公二十三年)

연연해하며 안락한 생활에 만족하는 것은 공명을 세우는 데 방해가 될 뿐입니다.

여기에서 '懷與安'이 연결구로 주어가 된다.

子溫而厲。(『論語』「述而」)

공자께서는 온화하시면서도 절도가 있으셨다.

여기에서 '溫而厲'이 연결구로 술어가 된다.

5. 동등구

吾儕小人所謂取諸其懷而與之也。(『左傳』宣公十一年)

저 같은 소인들이 이른바 '그 품에서 꺼낸 것은 그에게 돌려준다.'는 말 같은 것입니다.

여기에서 '吾儕小人'이 동등구로 주어이다.

6. 겸어구(兼語句)

予助苗長矣。(『孟子』「公孫丑上」)

나는 싹이 자라나는 것을 도와주었다.

여기에서 '助苗長'이 겸어구로 술어가 된다.

7. 연동구(連動句)

(季心)嘗殺人, 亡之吳。(『史記』「季布欒布列傳」)

계심이 일찍이 사람을 죽이고 오나라로 도망갔다.

여기에서 '亡之吳'는 술어가 된다.

8. 전치사구

爲之請齊。(『左傳』隱公元年)

그를 위해 제땅을 청하였다.

여기에서 '爲之'는 부사어가 된다.

紂走, 反入登于鹿臺之上。(『史記』「周本紀」)

주왕은 달아나 다시 도망쳐 들어가서 녹대에 올랐다.

여기에서 '于鹿臺之上'는 보어가 된다.

IV. 주요 문형

1. 판단문

판단문은 명사 또는 명사성의 구를 술어로 하여 판단을 나타내는 문장이다. 현대 한어에서는 판단문의 주어와 술어 사이에 일반적으로 동사 "是"를 사용하지만, 고문에서는 사용하지 않고, 술어 뒤에 語氣詞 "也"를 써서 판단문임을 나타내 준다.

董狐, 古之良史**也**。(『左傳』宣公二年)

동호는 옛날의 良史(훌륭한 사관)이다.

而母, 婢**也**。(『戰國策』趙策二)

네 에미는 종년이다.

南冥**者**, 天池**也**。(『莊子』 逍遙遊)

남쪽 까마득한 바다가 天池이다.

臣之所好**者**, 道**也**。(『莊子』 養生主)

제가 좋아하는 것이 도입니다.

2. 서술문

서술문은 동사를 술어로 하여 사람이나 사물의 행동 변화를 서술하는 문장이다. 고문에서 서술문의 구조는 현대 한어와 거의 유사하다.

冬, 晉文公**卒**。(『左傳』 僖公三十二年)

겨울 진문공이 세상을 떠났다.

晉侯秦伯**圍**鄭。(『左傳』 僖公三十年)

진문공과 진목공이 정나라를 포위했다.

初, 鄭武公**娶**於申。(『左傳』 隱公元年)

당초 정무공이 신땅에서 부인을 맞이했다.

齊侯以諸侯之師**侵**蔡。(『左傳』 僖公四年)

제 환공이 제나라 군사 이외에 송·진·위·鄭·허·조나라 등 7개국의 군사를 이끌고 채나라를 침공했다.

3. 부정문

부정을 나타내는 문장을 부정문이라 한다. 부정문은 반드시 부정사를 필요로 하는데, 부정사는 "不" "弗" "毋" "勿" "未" "否" "非"와 같은 부사일 수도 있고, "無"와 같은 동사일 수도 있다. 또한 "莫"과 같은 대명사일 수도 있다.

朽木**不**可雕也。(『論語』公冶長)

썩은 나무로는 조각을 할 수 없다.

公**弗**許。(『左傳』隱公元年)

공이 허락하지 않았다.

己所不欲, **勿**施於人。(『論語』衛靈公)

자기가 하고 싶지 않은 것을 다른 사람에게 시키지 말아라.

小人有母, 蓋嘗小人之食矣, **未**嘗君之羹。(『左傳』隱公元年)

소인에게 어머니가 있는데, 모두 소인이 먹는 것만 맛보았지 아직 군주가 드시는 이 같은 고깃국은 맛본 적이 없습니다.

寧爲鷄口, **無**爲牛後。(『史記』「蘇秦列傳」)

차라리 닭의 머리가 될지언정 소의 꼬리는 되지 마라.

4. 의문문

의문사를 사용해서 의문을 나타내는 문장이다. 일반적으로 의문 대명사를 사용하기도 하고 의문을 나타내는 語氣詞를 사용하기도 하며 둘을 같이 쓰기도 한다. 의문사로는 '誰, 孰, 何, 安, 惡, 焉, 胡, 奚' 등이 있고, 어기사로는 '乎, 耶, 邪, 與(歟)' 등이 있다.

其**誰**曰不然?(『左傳』隱公元年)

누가 그렇지 않다고 하겠습니까?

則將**焉**用彼相矣?(『論語』季氏)

그러한 도와주는 사람을 장차 어디다 쓰겠느냐?

孰爲夫子?(『論語』微子)

누가 선생이라고 하겠는가?

子見夫子**乎**?(上同)

그대는 공자님을 보셨는지요?

是**誰**之過**與**?(『論語』季氏)

이것은 누구의 잘못이겠느냐?

5. 피동문

被, 見, 爲 등과 같은 전치사를 사용하여 피동의 의미를 나타내는 주는 문장을 말한다. 단, 피동의 표지가 없는 의미상의 피동문도 존재한다.

被驅不異犬與鷄。 (杜甫, 「兵車行」)

전쟁터로 내몰리는 것이 닭과 개와 다름이 없네.

衆人皆醉, 我獨醒, 是以**見**放。 (屈原, 「漁父辭)」)

뭇 사람들이 다 술에 취해 있었는데, 나 홀로 깨어 있어 이런 까닭으로 쫓겨남을 당했소.

身**爲**宋國笑。(『韓非子』)

그 자신은 송나라 사람들의 웃음거리가 되었다.

6. 사역문

使, 令, 敎, 遣, 命과 같은 전치사를 사용하여 사역의 의미를 나타내주는 문장을 말한다.

有以千金**使**涓人求千里馬者。 (『十八史略』)

천금을 가지고 내시를 시켜 천리마를 구하게 한 사람이 있었다.

吾**令**人望其氣, 皆爲龍虎成五采。(『史記』「項羽本紀」)

제가 사람을 시켜 그 기운을 관망하게 하였더니, 모두 용과 호랑이의 모습과 같았으며 오색을 이루고 있었다.

遂**教**方士殷勤覓。(白居易,「長恨歌」)

마침내 방사를 시켜 은근히 찾아보게 하였다.

所以**遣**將守關者, 備他盜出入與非常也。(『史記』「項羽本紀」)

장수를 파견해서 함곡관을 수비하게 한 까닭은 다른 도둑의 출입과 비상시를 대비하기 위함이다.

聊**命**故人書之, 以爲歡笑爾。(陶潛,「飮酒詩序」)

다만 친구보고 다시 정서해 달라고 시켰는데, 기뻐하며 웃기 위해서였을 뿐이다.

7. 반어문

의문문의 형식과 유사하나 강한 긍정이나 부정의 의미를 담고 있다.

內省不疚, 夫**何**憂**何**懼。(『論語』「顔淵」)

안으로 반성해서 흠이 없다면 무엇을 근심하고 무엇을 두려워하겠는가?

騅不逝兮**可奈何**。(項羽,「垓下歌」)

추가 나아가지 않으니 이를 어찌해야 할까?

焉有仁人在位, 罔民而可爲**也**。(『孟子』「梁惠王上」)

어찌 어진 사람이 임금의 자리에 있으면서 백성을 그물질하는 일을 할 수 있겠습니까?

浮生若夢, 爲歡**幾何**。(李白,「春夜宴桃李園序」)

덧없는 인생 꿈과 같으니 기뻐할 만한 일이 얼마나 되겠는가?

學而時習之, **不亦**說**乎**。(『論語』「學而」)

배우고 항상 그것을 익히면 참으로 기쁘지 않겠는가?

8. 비교문

비교문이라 두 가지의 대상을 비교하여 그 상태 및 성질의 정도나 우열을 나타내는 문장이다.

霜葉紅**於**二月花。(杜牧,「山行」)

서리 맞은 잎이 2월의 꽃보다 붉다.

百聞**不如**一見。(『漢書』「趙充國傳」)

백 번 듣는 것이 한 번 보는 것만 못하다.

莫若六國從親以擯秦。(『十八史略』)

6국이 합종책을 맺어 진나라를 물리치는 것만 한 것이 없습니다.

9. 감탄문

찬양, 증오, 환희, 비애와 같은 감정을 나타내는 문장이다. '嗚呼', '嗟乎, 嗟夫, 噫'와 같은 감탄사를 사용하거나 '哉, 矣'와 같은 어기사를 사용하여 나타낸다.

嗚呼, 其眞無馬邪, 其眞不知馬邪。(韓愈,「雜說」)

아아, 진실로 말이 없는 것인가, 말을 알아주는 이가 없는 것인가?

唉, 豎子不足與謀。(『史記』「項羽本紀」)

아. 더벅머리 아이놈과는 일을 꾀할 수가 없구나.

庶**矣哉**。(『論語』「子路」)

많기도 하여라.

V. 문장성분

고문의 문장 성분은 주어, 술어, 목적어, 한정어, 부사어, 보어 등 여섯 가지로 이루어져 있다. 이 중 주어와 술어가 주요 성분이다.

1. 주어

문장에서의 진술 대상으로 명사, 대명사 혹은 구가 주어가 될 수 있다.

晉文公卒。(『左傳』僖公三十二年)

진문공이 죽었다.

晉侯秦伯圍鄭。(『左傳』僖公三十年)

진문공과 진목공이 정나라를 포위했다.

2. 술어

문장에서 진술하는 내용이다. 동사, 형용사, 명사 혹은 구가 술어로 쓰인다.

越王句踐**棲**於會稽之上。(『國語』「越語」)

월왕 구천이 회계산에 머물렀다.

楚師**輕窕**。(『左傳』襄公二十六年)

초나라 군대는 경솔하다.

彼吾君子, **天子**也。(『戰國策』「趙策」)

저 우리 주군은 천자이다.

扁鵲**望**桓侯**而還走**。(『韓非子』「喻老」)

편작이 환후를 바라보다가 돌아갔다.

3. 목적어

술어 동사가 언급한 내용이나 대상이다. 주로 명사, 대사 혹은 구가 목적어로 쓰인다.

桓公殺**公子糾**。(『論語』「憲問」)

환공이 공자규를 죽였다.

子無敢食**我**也。(『戰國策』「楚策」)

그대는 감히 나를 잡아먹을 수 없다.

人謂**子産不仁**, 吾不信也。(『左傳』襄公三十一年)

사람들이 자산이 어질지 않다고 말하더라도, 나는 믿지 않을 것이다.

4. 관형어

체언 앞에서 수식을 해 주는 성분으로 주로 형용사, 명사, 대명사, 수량사 혹은 구가 관형어로 쓰인다.

富歲, 子弟多賴, **凶**歲, 子弟多暴。(『孟子』「告子上」)

풍년에는 젊은이들이 선량함이 많으며 흉년에는 젊은이들이 포악함이 많다.

鳥獸之肉, 不登於俎。(『左傳』隱公五年)

새나 짐승의 고기가 제사상에 오르지 못한다.

命**夸娥氏**二子負二山。(『列子』「湯問」)

과아씨의 두 아들에게 명하게 두 산을 짊어지게 하였다.

5. 부사어

술어를 수식하거나 한정해 주는 성분으로 부사, 형용사, 명사, 수사, 전치사구 등이 주로 부사어로 쓰인다. 시간, 장소, 원인, 방식, 상태, 수량 등을 표시해 준다.

君**將**不堪。(『左傳』隱公元年)

그대는 장차 이를 감당하지 못할 것입니다.

王卒**大**敗。(『左傳』桓公五年)

왕의 군대가 크게 패하였다.

旦日不可不蚤自來謝項王。(『史記』「項羽本紀」)

내일 아침 일찍 직접 항우 장군에게 사죄하러 오지 않으면 안 됩니다.

八年之中, **九**合諸侯。(『左傳』襄公三十年)

8년 사이에 아홉 차례나 제후들과 회동하였다.

齊侯欲**以文姜**妻鄭太子忽。(『左傳』桓公六年)

제나라 희공이 문강을 정나라 태자 홀에게 시집보내려 하였다.

6. 보어

술어를 보충 설명하는 성분으로, 부사, 형용사, 수량사 혹은 전치사구가 주로 쓰인다. 정도, 장소, 시간 등을 표시해 준다.

君美**甚**。(『戰國策』「齊策」)

그대는 매우 잘 생겼다.

何興之**暴**也!(『史記』「項羽本紀」)

항우는 왜 그렇게 빨리 흥성했는가?

不食三**日**矣。(『左傳』宣公二年)

3일 동안 먹지 않았다.

鄭武公娶**于申**。(『左傳』隱公元年)

정나라 무공이 신땅에서 아내를 취하였다.

VI. 품사의 활용

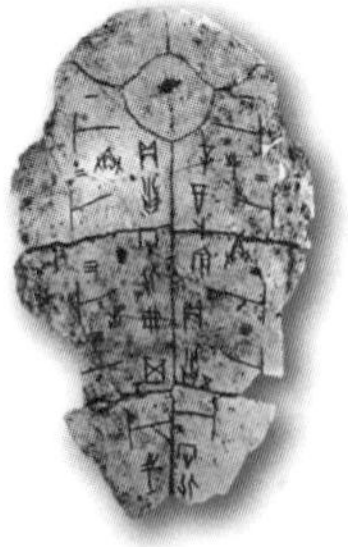

고문 문장에서 품사는 비교적 고정적이어서 각각의 단어가 문장에서 하는 역할이 나뉘어져 있다. 예를 들면 명사는 주어·목적어·한정어, 동사는 서술어, 형용사는 한정어·서술어·부사어 등에 사용된다. 그러나 고문에서 품사의 활용이 현대 한어에 비해서 빈번하게 일어나고 있다. 대표적인 예로 명사의 동사화, 형용사의 동사화, 명사의 부사어화, 동사의 부사어화 등이 있다. 여기에서는 이에 대해 살펴보도록 하겠다.

1. 명사의 동사화

고문에서 명사가 동사처럼 쓰이는 일은 아주 보편적인 현상이다.

從左右, 皆**肘**之。(『左傳』成公二年)

왼편이나 오른편으로 가려고 하자 모두 팔뚝을 잡아끌었다.

孟嘗君怪其疾也, **衣冠**而見之。(『戰國策』齊策四)

맹상군이 그가 매우 빨리 돌아온 것을 의아하게 생각하면서도 의관을 정제하고 그를 만났다.

鄂侯爭之急, 辨之疾, 故**脯**鄂侯。(『戰國策』趙策三)

악후가 다시 규간하면서도 극력으로 옹호하고 나서자 그를 육포로 만들어 버렸소.

馬童**面**之, 指王翳曰: "此項王也。"(『史記』項羽本紀)

여마동이 항왕을 바라보면서 왕예에게 항왕을 가리키며 말하기를 "이가 바로 항왕입니다."라고 하였다.

夫子**式**而聽之。(『禮記』檀弓下)

공자가 예를 표하며 그 곡소리를 들었다.

曹子**手**劍而從之。(『公羊傳』莊公十三年)

조자가 검을 들고 그를 따랐다.

假舟楫者, 非能**水**也, 而絶江河。(『荀子』勸學)

배와 노를 빌리는 자는 수영을 하지 못해도 강을 건널 수 있다.

2. 동사·형용사·명사의 사역 용법

(1) 동사의 사역 용법은 주어가 동사가 표시하는 동작을 하지 못하고 목적어인 사람이나 사물이 그 동작을 하는 것을 말한다. 고문에서는 자동사가 자주 사역 용법에 사용된다. 자동사는 원래

목적어를 가지지 않는데, 사역 용법으로 쓰일 때는 목적어를 가진다.

爲用**亡**鄭以陪鄰? (『左傳』僖公三十年)

어찌하여 정나라를 멸망시켜 이웃 나라의 힘을 키워주려는 것입니까?

小子**鳴**鼓而攻之可也。(『論語』先進)

너희들은 북을 치며 그를 공격해도 좋으니라.

求也退, 故**進**之; 由也兼人, 故**退**之。(上同)

구(염유)는 퇴영적이므로 나아가게 한 것이고, 유(자로)는 두 사람 몫의 용기가 있으므로 조금 물러나게 한 것이다.

故遠人不服, 則修文德以**來**之。(『論語』季氏)

그러므로 먼 곳에 있는 사람들이 복종하지 않으면 문덕을 닦아 그들을 오게 하라.

(2) 형용사의 사역 용법은 목적어로 쓰인 사람이나 사물이 형용사나 나타내는 성질이나 상태를 지니고 있다는 의미이다.

今媼**尊**長安君之位。(『戰國策』趙策四)

지금 태후께서 장안군의 지위를 높이셨다.

冉有曰: "旣庶矣, 又何加焉?" 曰: "**富**之。"(『論語』子路)

염유가 말하기를 "이미 백성이 많으면 또한 무엇을 더하여야 합니까?"라고 하였다. 대답하시기를 "그들을 부유하게 해 주어야 한다."고 하셨다.

以**正**君臣, 以**篤**父子, 以**睦**兄弟, 以**和**夫婦。(『禮記』 禮運)

이로써 임금과 신하의 도리를 바르게 하며, 아버지와 아들 사이를 돈독하게 하며, 형제간에 화목하게 하고, 남편과 아내를 화합하게 한다.

是以君子**遠**庖廚也。(『孟子』 梁惠王上)

그러므로 군자는 푸줏간을 멀리 해야 한다.

3. 형용사·명사의 意動 용법

(1) 형용사의 意動 용법이란 목적어가 표시하는 사람이나 사물이 형용사가 나타내는 실재 성질이나 상태를 가지는 것이 아니라, 주관적으로 이런 성질이나 상태일 것이라고 인식하는 것을 말한다.

左右以君**賤**之也, 食以草具。(『戰國策』 「齊策四」)

맹상군의 좌우는 맹상군이 풍훤을 낮춰 보자 그에게 거친 음식만 주었다.

甘其食, **美**其服, **安**其居, **樂**其俗。(『老子』 八十章)

음식을 달게 먹고 입은 옷이 아름답다고 여기며 그들이 사는 곳을 편안히 여기고 그 풍속을 즐거워한다.

是故明君**貴**五穀而**賤**金玉。(晁錯, 「論貴粟疏」)

이런 까닭으로 명군은 오곡을 위히 여기고 금옥을 천하게 여긴다.

(2) 명사의 意動 용법이란 목적어가 표시하는 사람이나 사물을 이 명사가 나타내는 사람이나 사물이라고 여기는 것이다.

不如吾聞而**藥**之也。(『左傳』襄公三十一年)

내가 그들의 말을 받아들여 약으로 삼는 것만 못하오.

故人不獨**親**其親, 不獨**子**其子。(『禮記』「禮運」)

그러므로 사람들이 자기 어버이만 어버이로 여기지 않고, 자기 자식만 자식이라고 생각하지 않는다.

友風而**子**雨。(『荀子』「賦篇」)

바람을 벗 삼고 비를 자식으로 둔 것이다.

4. 명사의 부사화

(1) 비유 표시: 명사가 나타내는 사람이나 사물의 행동 특징으로 동사가 나타내는 행동의 방식이나 상태를 묘사한다.

豕**人**立而啼。(『左傳』莊公八年)

돼지가 사람처럼 서서 울부짖었다.

其後秦稍**蠶**食魏。(『史記』「魏公子列傳」)

그 후에 진나라는 점점 위나라를 잠식하였다.

天下雲集而**響**應, 贏糧而**景**從。(賈誼,「過秦論」)

천하가 구름처럼 모여들고 메아리처럼 호응하여 양식을 싸 들고 그림자처럼 따랐다.

(2) 사람을 대하는 태도를 나타낸다.

彼秦者, ……**虜**使其民。(『戰國策』「趙策三」)

저 진나라는 ……그 백성을 종처럼 부렸다.

君爲我呼入, 我得**兄**事之。(『史記』「項羽本紀」)

그대가 나를 위해 가서 불러오시오, 내가 형으로 모시리다.

齊將田忌善而**客**待之。(『史記』「孫子吳起列傳」)

제나라 장군 전기가 그를 좋다고 여겨 그를 빈객으로 대접하였다.

(3) 처소나 도구를 나타낸다.

舜勤於民事而**野**死。(『國語』「魯語上」)

순임금이 백성의 일을 돌보다가 들판에서 죽었다.

童子**隅**坐而執燭。(『禮記』「檀弓上」)

동자가 구석에 앉아 촛불을 잡고 있었다.

秦王**車**裂商君以徇。(『史記』「商君列傳」)

진나라 왕이 상군을 수레로 찢어 죽였다.

羣臣後應者, 臣請**劍**斬之。(『漢書』「霍光傳」)

뭇 신하 중에 늦게 호응하는 자는 제가 칼로 그의 목을 베겠습니다.

(4) 시간명사

五月辛丑, 大叔出奔共。(『左傳』隱公元年)

오월 신축일에 태숙이 공나라로 달아났다.

夜縋而出。(『左傳』僖公三十年)

밤에 밧줄에 묶어 내보냈다.

長驅到齊, **晨**而求見。(『戰國策』「齊策四」)

풍훤은 곧 말을 한참 달려 제나라로 돌아와서, 새벽에 맹상군을 만나자고 했다.

1) "歲""月""日"이 행동성을 지닌 동사 앞에 놓일 때는 "歲歲"(每年)"月月"(每月)"日日"(每日)의 의미를 가지게 되어 행동의 빈번함이나 일상적인 것임을 나타내 준다.

良庖**歲**更刀, 割也; 族庖**月**更刀, 折也。(『莊子』「養生主」)

훌륭한 포정은 매년 칼을 바꾸는데, 베어내기 때문입니다. 일반 포정은 매달 칼을 바꾸는데, 자르기 때문입니다.

今有人**日**攘其鄰之雞者。(『孟子』「滕文公下」)

지금 이웃집의 닭은 훔치는 어떤 사람이 있었습니다.

2) "日"이 동사나 형용사 앞에 놓이면, "一天一天"의 의미로 상황의 전진적인 발전을 나타낸다.

田單兵**日**益多, 乘勝, 燕**日**敗亡。(『史記』「田單列傳」)

전단의 병사는 나날이 점점 많아져 승세를 탔고, 연나라의 군사는 나날이 패하여 도망쳤다.

事**日**急。(『史記』「魏其武安侯列傳」)

일이 나날이 위급해졌다.

賤妾守空房, 相見常**日**稀。(古詩, 焦仲卿妻作)

저는 빈방에 홀로 남아, 서로 만날 날은 점점 드물어졌지요.

3) "日"이 문장 맨 앞에서 주어의 앞에 쓰일 때는 "往日"의 의미로 과거를 회상하는 의미를 나타낸다.

日君以夫公孫段爲能任其事, 而賜之州田。(『左傳』昭公七年)

지난날 귀국 군주가 저 공손단에게 대사를 맡길 만하다고 여겨 주현 땅을 하사하셨습니다.

日起請夫環, 執政弗義, 弗敢復也。(『左傳』昭公十六年)

지난날 거듭 내가 옥환을 얻고자 청했는데 집정이 의롭지 않다고 하여 다시는 감히 말씀드리지 못했소.

5. 동사의 부사화

(1) 동사가 부사어로 쓰이는 경우 매우 드물다. 부사어로 쓰일 수 있는 동사는 일반적으로 자동사에 한정된다.

廣……殺其二人, **生**得一人, 果匈奴射雕者也。(『史記』「李將軍列傳」)

이광이……그 두 사람을 죽이고 한 사람을 생포하였는데, 과연 흉노의 독수리잡이였다.

爭割地而賂秦。(賈誼, 「過秦論」)

다투어 땅을 나누어서 진나라에 뇌물로 바쳤다.

(2) 이런 경우 '而'(혹은 以)가 뒤따라와 동사 서술어 앞에 쓰이는 일이 종종 있다.

坐而假寐。(『左傳』宣公二年)

앉아서 졸린 듯이 눈을 감고 있었다.

子路**拱**而立。(『論語』「微子」)

자로가 두 손을 모으고 서 있었다.

仰而視之。(『莊子』「秋水」)

우러러 그것을 바라보았다.

箕踞以罵。(『戰國策』「燕策三」)

다리를 양쪽으로 벌리고 앉은 채로 큰 소리로 외쳤다.

(3) 動賓 구조의 단어가 부사어가 되는 예는 많다. 이런 경우 행위의 방식을 나타내거나 시간을 표시해 준다.

觸槐而死。(『左傳』宣公二年)

홰나무에 부딪혀서 죽었다.

太后曰: "老婦**恃輦**而行。"(『戰國策』「趙策四」)

태후가 이르기는 "나는 수레에 의지해서 다닐 수 있소"라고 하였다.

保民而王, 莫之能禦也。(『孟子』「梁惠王上」)

백성을 사랑하고 보호해주는 왕이 된다면 그를 막을 수 있는 이는 없다.

有**牽牛**而過堂下者。(上同)

소를 끌고 당상 아래를 지나가는 사람이 있었다.

挾太山以超北海。(上同)

태산을 옆에 끼고 북해를 뛰어넘는다.

先帝知臣謹愼, 故**臨崩**寄臣以大事也。(諸葛亮,「出師表」)

선제께서 저의 삼가고 조심함을 아셨기 때문에 돌아가실 때에 저에게 큰일을 맡기신 것입니다.

제3부 단문독해

I. 단문연습(1)

1. 상용성어

- 苛斂誅求(가렴주구): 세금을 가혹하게 거두어들이고 강압적으로 요구하는 것. 폭정(暴政)으로 인해 살기 어려움을 상징한다.
- 刻舟求劍(각주구검): 배를 타고 가다가 칼을 강에 빠뜨리고 다시 찾아와 건지겠다고 배의 바닥에다 칼로 새기어 빠뜨린 자리표시를 해두었다는 고사(故事). 판단력이 둔하여 세상일에 어둡고 어리석다는 뜻으로 쓰인다.
- 甘言利說(감언이설): 달콤한 말과 이로운 말. 갖은소리를 다해가며 남을 꼬이는 것을 말한다.
- 甘呑苦吐(감탄고토): 달면 삼키고 쓰면 뱉는다. 개인적인 이익과 욕심을 위해서 믿음이나 의리는 상관하지 않고 필요할 땐 쓰고 그렇지 않을 땐 버리는 태도를 말한다.

- 格物致知(격물치지): 모든 만물을 관찰하고 탐구하여 각각의 다름과 같음을 깨달아 밝게 하고 확고한 지식으로 이르게 하다.
- 乾坤一擲(건곤일척): 하늘과 땅이 한 번씩 던져진다. 흥망 성패를 걸고 싸울 정도의 큰 담판을 비유한다.
- 牽强附會(견강부회): 이치에 맞지 않는 말을 억지로 끌어 붙여 자기의 주장하는 조건에 맞도록 하다.
- 見物生心(견물생심): 물건을 보면 욕심이 생긴다.
- 結者解之(결자해지): 맺은 사람이 그것을 푼다. 일을 시작한 사람이 끝맺는다, 혹은 원인을 제공한 사람이 해결을 해야 한다는 뜻으로 쓰인다.
- 結草報恩(결초보은): 죽어 혼령이 되어도 은혜를 잊지 않고 갚는다.
- 得魚忘筌(득어망전): 물고기를 잡고 나면 통발을 잊는다. 목적을 달성하고 나면, 그 목적을 위하여 사용한 사물을 잊어버린다는 비유이다.
- 望雲之情(망운지정): 구름을 바라보는 심정. 자식이 타향에서 고향의 부모를 그리는 정을 말한다.
- 目不識丁(목불식정): 낫 놓고 기역 자도 모를 만큼 아주 무식함을 이르는 말이다.
- 傍若無人(방약무인): 주위에 아무도 없는 것처럼 남을 신경 쓰지 않는다. 즉, 언행이 방자하고 제멋대로 행동하는 것 또는 그러한 사람을 말한다.

- 白骨難忘(백골난망): 백골이 되어도 잊기 어려움. 죽어도 잊지 못할 큰 은혜를 입음을 뜻한다.

- 伯牙絶絃(백아절현): 전국시대(戰國時代) 거문고의 명수로 이름이 났던 백아(伯牙)에게는 자신의 음악 세계를 알아주는 유일한 사람인 종자기(鍾子期)가 있었는데, 종자기가 죽자 슬퍼하여 거문고 줄을 끊어버리고 더 이상 거문고를 다루지 않았다는 고사이다. 가장 친한 친구가 죽었을 때의 슬픔을 이르거나, 알아주는 사람이 없어짐을 이르는 말이다. (- 知音)

- 附和雷同(부화뇌동): 그렇다고 여기고 따라가는 것이 뇌동과 같다. 뇌동(雷同)은 우레가 울리면 만물이 이에 응하여 울리는 것을 말한다. 그처럼 다른 사람이 말하는 것을 듣고, 그것이 옳은지 그른지 생각해보지도 않고서 경솔하게 따라가는 것을 말한다. (=附和共鳴)

- 四顧無親(사고무친): 사방을 둘러봐도 가족이나 친척이 없다. 친척이 없어 의지할 곳 없이 외로움(=四顧無人)을 말한다.

- 四面楚歌(사면초가): 사방에서 초(楚)나라의 노래가 들린다. 한(漢)나라 군사가 초나라 군사를 포위한 채 오랜 시간이 흘러 양쪽 진영이 다 지쳐 있을 때, 한나라 군사들이 초나라의 민요를 불러서 초나라 군사들이 심리적인 동요를 일으켰던 고사에서 비롯된 말이다. 사방이 다 적에게 둘러싸여 도움이 없이 고립됨. 더 이상 어떻게 해볼 도리가 없는 상황을 말한다.

- 桑田碧海(상전벽해): 뽕나무밭이 변하여 푸른 바다가 된다는 말로 세상일의 변천이 심하여 사물이 바뀜을 비유하는 말이다. (=

桑田滄海)

- 塞翁之馬(새옹지마): 변방에 사는 노인의 말. 옛날 변방의 노인에게 한 가지 일이 꼬리를 물고 복과 화로 바뀌어 일어났던 고사에서 유래된 말이다. 처음엔 말이 오랑캐 땅으로 도망가 버려서 낙담했는데, 후에 오랑캐의 준마(駿馬)를 이끌고 돌아와서 복이 되었고, 아들이 그 말들을 타다가 떨어져 다리가 부러지니 도로 화를 초래한 격이 되었다. 그러나 전쟁이 나서 장정들이 끌려가 많이 죽는 일이 생겼는데 아들은 다리가 부러져 나가지 못해서 목숨을 건졌으니 또다시 복이 된 것이다. 즉, 세상일은 복이 될지 화가 될지 예측할 수 없다는 비유로 쓰인다.
- 手不釋卷(수불석권): 손에서 책을 놓지 않다. 즉, 부지런히 학문에 힘쓰다.
- 脣亡齒寒(순망치한): 입술이 없으면 이가 시리다. 서로 돕던 사람이 망하면 다른 한쪽 사람도 함께 위험하다는 뜻이다.
- 識字憂患(식자우환): 글자를 아는 것이 도리어 근심거리가 된다. 즉, 아는 것이 탈이라는 말. 학식이 있는 것이 도리어 근심을 사게 됨을 말한다.
- 語不成說(어불성설): 말이 하나의 일관된 논의로 되지 못함. 즉, 말이 이치에 맞지 않음을 뜻한다.
- 溫故知新(온고지신): 옛것을 익히어 새것을 안다.
- 窈窕淑女(요조숙녀): 마음씨가 얌전하고 자태가 아름다운 여자를 말한다. 요조(窈窕)는 고상하고 정숙함을 뜻한다.

- 有口無言(유구무언): 입은 있어도 할 말이 없음. 변명할 말이 없음을 일컫는 말이다.
- 切磋琢磨(절차탁마): 잘라내고 갈고 깎아내고 정밀하게 다듬음. 학문과 덕행을 닦음을 가리키는 말이다.
- 朝三暮四(조삼모사): 송(宋)나라의 저공(狙公)이 원숭이를 많이 길렀었는데, 살림이 빈궁해지자 원숭이의 식량을 줄이려고 고민하다가 '아침엔 4개 저녁엔 3개를 주면 어떻겠냐'고 원숭이들에게 물었다. 예상한 대로 원숭이들이 화를 내자 '아침엔 3개 저녁엔 4개를 주면 되겠냐'고 하자 원숭이들이 좋아했다는 고사에서 유래한 말이다. 간사한 꾀로 사람을 속여 희롱함. 눈앞에 당장 나타나는 차이만을 알고 그 결과가 같음을 모르는 것을 비유하는 말로 쓰인다.
- 走馬看山(주마간산): 말을 달리면서 산을 본다는 말로 바빠서 자세히 보지 못하고 건성으로 지나침을 뜻한다.
- 衆口難防(중구난방): 뭇사람의 말을 이루 다 막기는 어렵다. 의견이 모이지 않고 저마다의 소견을 펼치기만 하는 상황을 말한다.
- 破竹之勢(파죽지세): 대나무는 한 번 사이로 칼이 들어가면 연이어 쉽게 쪼개진다. 걷잡을 수 없이 나아가는 세력을 형용하는 말이다.
- 螢雪之功(형설지공): 동진(東晋)의 차윤(車胤)이 반딧불[螢]로 글을 읽고 손강(孫康)이 눈[雪]빛으로 글을 읽었다는 고사에서 온 말로 고생해서 공부한 공이 드러남을 비유한 말이다.

• 畵龍點睛(화룡점정): 용을 그려 놓고 마지막으로 눈을 그려 넣음. 즉 가장 긴요한 부분을 완성시킴.

2. 명구

(1) 산문

1. 苟日新, 日日新, 又日新。(『大學』 傳二章 중)

2. 新沐者必彈冠, 新浴者必振衣。(屈原, 「漁父辭」중)

3. 玉不琢，不成器，人不學，不知道。(『禮記』, 「學記」중)

4. 博愛, 之謂仁, 行而宜之, 之謂義。(韓愈, 「原道」중)

5. 目不能兩視而明, 耳不能兩聽而聰。(『荀子』, 「勸學」중)

6. 觀于海者難爲水，游于聖人之間者難爲言。(『孟子』, 「盡心篇」중)

7. 先天下之憂而憂, 後天下之樂而樂歟。(范仲淹, 「岳陽樓記」중)

8. 是是非非，謂之知，非是是非，謂之愚。(『荀子』, 「修身」중)

9. 水至淸則無魚, 人至察則無徒。(范曄, 『後漢書』, 「班超傳」중)

10. 醉翁之意不在酒, 在乎山水之間也。山水之樂, 得之心而寓之酒也。(歐陽修, 「醉翁亭記」중)

11. 儒家者流, 蓋出於司徒之官。助人君, 順陰陽, 明教化者也。(班固, 『漢書』, 「藝文志·諸子略」중)

12. 道可道, 非常道, 名可名, 非常名。(『老子』 第1章 중)

(2) 운문

1. 浮雲遊子意, 落日故人情。(李白,「送友人」중)

2. 山重水複疑無路, 柳暗花明又一村。(陸游,「遊山西村」중)

3. 兩人對酌山花開, 一盃一盃復一盃。(李白,「山中對酌」중)

4. 在天願作比翼鳥, 在地願爲連理枝。天長地久有時盡, 此恨緜緜無盡期。(白居易,「長恨歌」중)

5. 人有悲歡離合。月有陰晴圓缺, 此事古難全。(蘇軾,「水調歌頭」중)

6. 海內存知己, 天涯若比鄰。(王勃,「送杜少府之任蜀州」중)

II. 단문연습(2)

1. 守株[1)]待兎[2)]

宋人有耕者[3)], 田中有株, 兎走觸[4)]株, 折[5)]頸[6)]而死。因釋[7)]其 耒[8)]而守株, 冀[9)]復[10)]得兎。兎不可復得, 而身爲[11)]宋國笑。(『韓非子』「五蠹」)

---

1) 株(주): 나무, 곡식 따위의 줄기의 밑동. 그루터기.
2) 兎(토): 토끼.
3) 耕者(경자): 밭가는 사람, 농사짓는 사람.
4) 觸(촉): 부딪치다.
5) 折(절): 꺾이다. 부러지다.
6) 頸(경): 목.
7) 釋(석): 풀다, 내버리다.
8) 耒(뢰): 농기구의 하나인 쟁기.
9) 冀(기): 바라다.
10) 復(부): 다시.
11) 爲(위): '~에 의하여, ~에게'의 의미로, 피동을 나타내어 준다.

韓非子(B.C.280~B.C.233): 전국 시기 말엽의 사상가로 法家의 대표 인물이다. 저서로 『韓非子』 55권을 남겨 놓고 있는데, 그중의 몇 편은 한비자의 작품이 아닌 것으로 보인다. 그는 사회가 진보한다고 생각하여 복고를 반대했으며, 법치를 주장하였다.

[번체자·간체자 대조]

觸—触　　頸—颈　　釋—释　　復—复

[고문상식]

* 爲를 사용하는 피동문

'爲+사람+동사'의 형식을 사용하여 행위의 주동자를 표시하여 주며, 행위의 주동자를 표시할 필요가 없을 때에는 동사 앞에 '爲'자만을 써 준다.

1. 身**爲**宋國笑。

그 자신은 송나라 사람들의 웃음거리가 되었다.

2. 吳廣素愛人, 士卒多**爲**用者。(『史記』「陳涉世家」)

오광은 평소에 사람들을 아꼈으므로, 사졸들 대부분은 그가 시키는 대로 하였다.

종종 '所'와 결합하여 '爲……所……'의 형식을 이루기도 한다. '所'의 뒤에 오는 것은 주동자의 행동이다.

3. 如姬父**爲**人**所**殺。(『史記』「魏公子列傳」)

여희의 아버지가 다른 사람에게 살해당하였다.

4. 岱(劉岱)不從, 遂與戰, 果**爲所**殺。(『三國志』「魏書·武帝紀」)

유대가 따르지 않고 드디어 황건적과 싸우다가 과연 죽임을 당하였다.

[연습문제]

1. 다음 문장을 해석해보고, 피동의 형식을 찾아 보시오.

⑴ 誠令成安君聽足下計, 若信者已爲擒矣。(『史記』「淮陰侯列傳」)

⑵ 有如此之勢, 而爲秦人積威之所劫。(蘇洵, 「六國論」)

2. 矛與楯

楚人有鬻[1]楯[2]與矛[3]者, 譽[4]之曰, '吾楯之堅, 物[5]莫能陷[6]也。' 又譽其矛曰, '吾矛之利[7], 於物無不陷也。' 或曰, '以子之矛, 陷子之楯, 何如[8]? ' 其[9]人弗能應[10]也。夫[11]不可陷之楯, 與無不陷之矛, 不可同世[12]而立[13]。(『韓非子』「難一」)

[번체자·간체자 대조]

韓—韩	難—难	勢—势	譽—誉
堅—坚	應—应		

---

1) 鬻(육): 팔다.
2) 楯(순): 방패.
3) 矛(모): 창.
4) 譽(예): 자랑하다. 칭찬하다.
5) 物(물): 여기서는 이 세상의 모든 사물을 가리키는 것으로 쓰였다.
6) 陷(함): 뚫다.
7) 利(리): 날카롭다. 銳(예)와 같은 의미이다.
8) 何如(하여): 어떠한가?
9) 其(기): 지시대명사. 현대 한어 '那'의 의미이다.
10) 應(응): 대답하다.
11) 夫(부): 발어사. 문장의 처음에 쓰여 의론이나 발언이 시작됨을 나타낸다.
12) 世(세): 시대.
13) 立(립): 존재하다, 성립하다.

[고문상식]

*목적어 도치문

어순과 虛辭는 고문 어법 중에서 중요한 자리를 차지한다. 그리고 중국어의 어순은 고문이나 현대 중국어나 큰 차이가 없다. 따라서 일반적인 어순은 '주어—술어—목적어'의 순이다. 다만, 고문에서는 특수한 경우에 목적어가 술어의 앞에 와 '주어—목적어—술어'의 어순을 이루는 경우가 있다. 이 경우를 다음의 네 가지로 나누어 살펴볼 수 있다.

1. 의문대명사가 목적어가 될 때 도치가 된다.

(1) 吾**誰欺**? 欺天乎?(『論語』「子罕」)

내가 누구를 속였는가? 하늘을 속였는가?

(2) 王者**孰謂?** 謂文王也。(『春秋公羊傳』「隱公元年」)

왕이란 누구를 이르는 것인가? 문왕을 말하는 것이다.

동사뿐만 아니라 의문대명사가 전치사의 목적어가 될 때도 도치된다.

(1) **何由**知吾可也?(『孟子』「梁惠王上」)

어떤 이유로 제가 할 수 있다는 것을 아십니까?

(2) **胡爲**至今不朝也?(『戰國策』「齊策四」)

어찌하여 지금까지 입조토록 하지 않는 것이오?

2. 부정문에서 대명사가 목적어가 될 때 도치된다.

⑴ 不患人之**不己知**, 患不知人也。(『論語』「學而」)

남이 나를 알아주지 않는 것을 근심하지 말고, 남을 알지 못하는 것을 근심하라.

⑵ 七十者衣帛食肉, 黎民不飢不寒, 然而不王者, **未之有**也。(『孟子』「梁惠王上」)

칠십이 된 사람이 비단옷을 입고 고기를 먹으며, 백성들이 굶주리지 않고 추위에 떨지 않는데도 왕 노릇 하지 못한 자는 아직까지 없었습니다.

3. 목적어가 전치될 때에 동사와 목적어 사이에 '之', '是', '焉'과 같은 글자를 넣기도 한다.

⑴ 姜氏**何厭之有**?(『春秋左傳』「隱公元年」)

강 씨에게 어찌 만족함이 있겠습니까?

⑵ 我周之東遷, 晉鄭焉依。(『春秋左傳』「隱公六年」)

우리 왕실이 동천할 때, 진·정 두 나라에 의지했습니다.

4. 전치사 '以', '於'의 목적어가 도치되기도 한다.

⑴ **是以**君子遠庖廚也。(『孟子』「梁惠王上」)

이런 까닭으로 군자는 푸줏간을 멀리해야 하는 것입니다.

⑵ 啓乃淫溢康樂, **野於**飮食。(『墨子』「非樂上」)

계는 방종하게 놀며 즐거워하면서 들판에서 먹고 마셨다.

[연습문제]

1. 본문에서 배운 단어의 의미를 이용해서 다음 성어를 해석해 보세요.

賣兒鬻女　　伶牙利齒　　賣官鬻爵　　一呼百應

2. 다음 문장을 해석하고 도치된 목적어를 찾아보세요.

⑴ 我無爾詐, 爾無我虞。(『春秋左傳』「宣公十五年」)

(2) 孟嘗君曰: "客何好?" 曰: "客無好也。" 曰: "客何能?" 曰: "客無能也。"(『戰國策』「馮諼客孟嘗君」)

(3) 奚以知其然也?(『莊子』「逍遙遊」)

(4) 詩三百, 一言以蔽之, 曰: "思無邪。"(『論語』「爲政」)

3. 鄭人買履[1)]

鄭人有欲[2)]買履者, 先自度[3)]其足而置[4)]之其[5)]坐[6)], 至之[7)]市而忘操之。已得履, 乃曰, "吾忘持度[8)]。" 反[9)]歸取之。及反, 市罷[10)], 遂不得履。人曰, "何不[11)]試之以足? " 曰, "寧[12)]信度, 無[13)]自信也。" (『韓非子』「外儲說左上」)

[번체자·간체자 대조]

鄭—郑　　買—买　　歸—归　　罷—罢
試—试

1) 履(리): 신발.
2) 欲(욕): ~하려 하다.
3) 度(탁): 동사. 헤아리다. 재다.
4) 置(치): 두다.
5) 其(기): 지시대명사. '그의'의 의미.
6) 坐(좌): '좌(座)'와 통하여 '자리'라는 뜻이다.
7) 之(지): 동사. 가다.
8) 度(도): 명사. 자. 여기서는 발 치수를 재어놓은 것.
9) 反(반): '반(返)'과 통용된다.
10) 罷(파): 끝나다.
11) 何不(하불): 어찌하여 ~하지 않는가?
12) 寧(녕): 차라리 ~할지언정.
13) 無(무): '무(毋)'와 통하여 '~하지 마라'라는 의미이다.

[고문상식]

＊ 피동문

고문의 피동문은 일반적으로 '被'를 사용하지 않는다. 고문에서 피동을 표현하는 방법은 대체적으로 둘로 나누어 볼 수 있는데, 문장 중에서 '於', '見', '爲'와 같은 전치사를 사용해서 피동을 표시해주는 방법과 피동을 나타내주는 어떠한 표지도 사용하지 않아 형식적으로는 구분이 되지 않는 의미상의 피동문이 있다.

1. 동사 뒤에 전치사 '於'를 사용해서 피동문임을 보여준다.

(1) 懷王以不知忠臣之分, 故內惑**於**鄭袖, 外欺**於**張儀。(『史記』「屈原列傳」)

회왕의 충신의 구분을 알지 못하였기 때문에 안으로는 정수에게 미혹을 당했고, 밖으로는 장의에게 속임을 당했다.

(2) 故有備則制人, 無備則制**於**人。(桓寬, 『鹽鐵論』「險固」)

그러므로 준비가 있으면 남을 제압하고, 준비가 없으면 남에게 제압을 당한다.

(3) 勞心者治人, 勞力者治**於**人。(『孟子』「滕文公上」)

마음을 수고롭게 하는 자는 남을 다스리고, 몸을 수고롭게 하는 사람은 남에게 다스림을 당한다.

[연습문제]

1. '者'의 용법에 주의해서 아래 문장을 해석해 보세요.

⑴ 鄭人有欲買履者。

⑵ 楚人有鬻盾與矛者。

⑶ 有好事者船載以入。

⑷ 然往來視之, 覺無異能者。

⑸ 先成者飮酒。

2. 피동에 주의해서 다음 문장을 해석해 보세요.

⑴ 夫維無慮而易敵者, 必擒於人。(『孫子』「虛失」)

⑵ 妻與子皆養於我者也。(韓愈,「圬者王承福傳」)

4. 狐假[1]虎威

虎求[2]百獸[3]而[4]食之, 得狐。狐曰: “子無敢食我也[5]! 天帝使我長[6]百獸, 今子食我, 是[7]逆天帝命也。子以[8]我爲[9]不信[10], 吾爲[11]子先行。子隨我後, 觀百獸之[12]見我而敢不走乎?” 虎以爲然[13], 故遂與之[14]行。獸見之[15]皆走。虎不知獸畏己而走也, 以爲畏狐也。(『戰國策』「楚策」)

『**전국책(戰國策)**』: 전국 시기 유세가들의 언행을 기록한 책이다. 지금 전해지는 것은 서한(西漢) 시대 유향(劉向)이 정리한 것으로 모두 12국 33편으로 나뉘어져 있다. 전국시기(B.C.403~B.C.221)

---

1) 假(가): 동사. 빌리다.
2) 求(구): 찾다.
3) 百獸(백수): 온갖 짐승. ‘백(百)’은 수가 많음을 나타내는 것이다.
4) 而(이): 접속사. 두 개의 동사성 성분을 연결해 준다.
5) 也(야): 어기사.
6) 長(장): 여기서는 동사로 쓰여 우두머리로 삼다라는 뜻이다.
7) 是(시): 대명사로, 현대 한어 ‘這, 這様, 這個’의 의미이다.
8) 以(이): 여기다, 생각하다.
9) 爲(위, wèi): 동사. ~이다.
10) 信(신): 말이 진실되다.
11) 爲(위, wèi): 전치사, ~를 대신하여.
12) 之(지): 조사. 주어 ‘百獸’와 술어 ‘見我而敢不走乎’ 사이에 쓰여 이 문장을 구로 바꾸어 동사 ‘觀’의 목적어가 되게 한다.
13) 以爲然(이위연): ‘然’은 ‘對’의 뜻으로, ‘以爲然’은 옳다고 여기다. 그렇다고 여기다의 뜻이다.
14) 之(지): 대명사. 여우를 가리킨다.
15) 之(지): 대명사. 호랑이를 가리킨다.

는 진(秦), 초(楚), 연(燕), 제(齊), 한(韓), 위(魏), 조(趙) 등의 일곱 제후국들이 서로 패권을 다투던 시기로, 일반적으로 춘추시대(春秋時代)의 진(晉)나라가 한, 위, 조의 세 나라로 나뉜 기원전 403년부터 진(秦)의 시황제(始皇帝)가 중국을 통일한 기원전 221년까지를 이른다. 이 시기에 유세가가 출현하여 통일을 이루기 위한 그들의 정치적 주장과 책략을 각국을 다니며 설파하였다.

[번체자·간체자 대조]

獸—兽　長—长　隨—随　觀—观

無—无　見—见　與—与　後—后

[고문상식]

* 판단문

판단문은 명사 또는 명사성의 구를 술어로 하여 판단을 나타내는 문장이다. 현대 중국어의 판단문은 '是'를 사용하는데, 고문은

'是'를 사용하지 않는다는 것이 가장 일반적인 특징이다. 일반적인 형식은 다음의 네 가지로 나눌 수 있다.

(1) ……, ……也。

董狐, 古之良史**也**。(『左傳』宣公二年)

동호는 옛날의 훌륭한 사관이었다.

宋, 小國**也**。(『孟子』「滕文公下」)

송나라는 작은 나라이다.

(2) ……者, ……也。

南冥**者**, 天池**也**。(『莊子』逍遙遊)

남쪽 까마득한 바다가 천지이다.

臣之所好**者**, 道**也**。(『莊子』養生主)

제가 좋아하는 것은 도입니다.

(3) ……者, ……。

天下**者**, 高祖之天下。(『史記』「魏其武安侯列傳」)

천하는 고조의 천하이다.

粟**者**, 民之所種。(晁錯, 「論貴粟疏」)

곡식이라는 것은 백성이 심은 것이다.

(4) ……, ……。

劉備, 天下梟雄。(『資治通鑑』)

유비는 천하의 용맹스러운 영웅이다.

秦, 虎狼之國。(『史記』「屈原賈生列傳」)

진나라는 호랑이나 이리 같은 나라이다.

[연습문제]

1. 본문에서 배운 단어의 의미를 이용해서 다음 성어를 해석해 보세요.

⑴ 不畏强暴　　⑵ 人言加畏

⑶ 皆大喜歡　　⑷ 草木皆兵

⑸ 走馬觀花　　⑹ 飛砂走石

⑺ 逆水行舟　　⑻ 倒行逆施

2. 다음 문장을 해석해 보세요.

⑴ 彼秦者, 棄禮義而尙首功之國也。

⑵ 趙衰, 冬日之日也。趙盾, 夏日之日也。

⑶ 韓, 天下之咽喉。

⑷ 臣請譬之。君者, 壤土也, 臣者, 草木也。

5. 畵蛇添足

楚有祠[1]者, 賜其舍人[2]卮[3]酒。舍人相謂[4]曰: “數人飮之[5]不足, 一人飮之有餘, 請畵地爲蛇, 先成者飮酒。” 一人蛇先成, 引酒且飮之, 乃左手持卮, 右手畵蛇, 曰: “吾能爲之足[6]。” 未成, 一人之蛇成, 奪其卮, 曰: “蛇固[7]無足, 子[8]安[9]能爲之足?” 遂[10]飮其酒。爲蛇足者, 終亡其酒。(『戰國策』「齊策」)

[번체자·간체자 대조]

飮—饮	請—请	終—终	餘—余
畵—画	戰—战	國—国	爲—为
奪—夺	數—数	齊—齐	

1) 祠(사): 제사 또는 제사를 지내다.
2) 舍人(사인): 귀족 집안의 문객(門客)으로 식객(食客)이라고도 한다. 재능을 지니고 있으면서도 가난하고 지위가 낮은 사람들로 주로 자기가 모시는 주군을 위해 책략을 제시하는 일을 하였다.
3) 卮(치): 술잔.
4) 謂(위): 이르다.
5) 之(지): 3인칭 대명사로 현대 한어 ‘它’와 같은 용법으로 쓰였다. 여기서는 술잔에 담긴 술을 가리킨다.
6) 爲之足(위지족): 그것에게 발을 더하다.
7) 固(고): 본래.
8) 子(자): 2인칭 대명사로 ‘그대, 너’의 뜻이다.
9) 安(안): 의문부사로 ‘어찌’의 뜻이다.
10) 遂(수): 이에, 드디어, 곧.

[고문상식]

* 이중목적어문

이중목적어문이란 하나의 술어가 두 가지의 목적어를 가지는 문장으로, 현대 한어와 마찬가지로 고문에서도 이중 목적어가 자주 쓰인다. '술어+직접목적어+간접목적어'의 형태로 쓰이는데, 직접목적어는 주로 물건을 받는 사람이나 사물을 가리키고, 간접목적어는 주는 사물을 가리킨다.

蛇固無足, 子安能**爲之足**?

뱀은 본래 다리가 없거늘 그대는 어찌 그것의 발을 그릴 수 있단 말인가?

紾兄之臂而**奪之食**, 則得食, 不紾, 則不得食, 則將紾之乎?(『孟子』 告子下)

형의 팔을 비틀어서 먹을 것을 빼앗으면 먹을 수 있고, 비틀지 않으면 먹을 수 없는 경우에도 형의 팔을 비틀겠는가?

天生民而**立之君**。(『左傳』襄公十四年)

하늘이 백성을 내어 그들에게 군주를 세워주었다.

晉侯**飮**趙盾**酒**。(『左傳』宣公二年)

진나라 제후가 조돈에게 술을 마시게 했다.

특히 본문에 나온 첫 번째 문장의 '爲'처럼 이중목적어를 갖는 술어로 쓰일 경우 '하다, 만들다, 처리하다, 계획하다' 등의 의미로 쓰인다.

[연습문제]

1. 다음 밑줄 그은 단어의 의미를 해석해 보세요.

⑴ 爲蛇足<u>者</u>, 終亡其酒。

⑵ 數人飮<u>之</u>不足, 一人飮<u>之</u>有餘。

⑶ 吾能爲<u>之</u>足

⑷ 一人<u>之</u>蛇成

2. 다음 이중목적어문을 해석해 보세요.

⑴ 賜之食。

⑵ <u>秦</u>王使人遺<u>趙</u>王書。

6. 鷸[1]蚌[2]相爭

趙[3]且[4]伐燕[5], 蘇代[6]爲燕謂惠王[7]曰: "今者臣來, 過易水[8], 方[9]蚌出曝[10], 而鷸啄[11]其肉, 蚌合而鉗[12]其喙[13]。鷸曰: '今日不雨[14], 明日不雨, 卽[15]有死蚌。' 蚌亦謂鷸曰: '今日不出[16], 明日不出, 卽有死鷸。' 兩者不肯相舍[17]。漁者[18]得而

---

1) 鷸(휼): 도요새. 부리가 길고 다리가 길며, 물가에서 작은 물고기와 작은 벌레를 잡아먹는다.
2) 蚌(방): 조개.
3) 趙(조): 전국 시대의 제후국 이름. 지금의 하북성(河北省) 남부와 산서성(山西省) 중북부에 위치하고 있었으며, 수도는 한단(邯鄲)이었다.
4) 且(차): ~하려고 하다.
5) 燕(연): 전국 시대의 제후국 이름. 지금의 하북성(河北省) 북부에 위치하고 있었으며, 수도는 북경(北京)의 서남쪽에 있었다.
6) 蘇代(소대): 전국 시대의 유세가로 연나라에서 벼슬을 하였다.
7) 惠王(혜왕): 조나라의 임금으로 혜문왕(惠文王)이라고도 한다.
8) 易水(역수): 강 이름으로 하북성 남부 역현(易縣)에서 발원한다.
9) 方(방): 부사로 '막~하는 중이다'의 의미이다.
10) 曝(폭): 햇볕을 쬐다.
11) 啄(탁): 새가 부리로 먹이를 쪼다.
12) 鉗(겸): 끼우다.
13) 喙(훼): 부리, 주둥이.
14) 雨(우): 여기서는 동사로 '비가 오다'의 의미로 쓰였다.
15) 卽(즉): 곧, 즉시.
16) 出(출): 사역 용법으로 쓰여 '~를 나가게 하다'의 의미로 쓰였다.
17) 舍(사): '사(捨)'의 통가자(通假字)로 '버리다, 놓아주다'의 의미로 쓰였다.
18) 漁者(어자): 어부.

幷[19]禽[20]之。今趙且伐燕, 燕趙久相攻[21], 以弊[22]大衆, 臣恐强秦之爲漁父也。故願王之熟計[23]之也!” 惠王曰: “善[24]。” 乃止。(『戰國策』「燕策」)

[번체자·간체자 대조]

趙—赵　　過—过　　計—计　　願—愿

[고문상식]

* 見을 사용하는 피동문

술어 앞에 '見'자를 덧붙여서 피동을 나타내는 방법이다.

1. 擧世皆濁, 我獨淸, 衆人皆醉, 我獨醒, 是以**見放**。(屈原, 「漁父辭」)

온 세상이 모두 혼탁한데 나 홀로 맑았고, 뭇 사람들이 모두 술에 취했는데 나 홀로 깨어 있었소, 이런 까닭으로 쫓겨남을 당했습니다.

2. 秦城恐不可得, 徒**見欺**。(『史記』「廉頗藺相如列傳」)

진나라 성은 아마 얻을 수 없을 것이고, 사기만 당할 것이다.

---

19) 幷(병): 함께.
20) 禽(금): '금(擒)'과 통하여, '사로잡다, 생포하다'의 의미이다.
21) 相攻(상공): 서로 공격하다.
22) 弊(폐): 피로하다, 피폐하다. 여기서는 사역형으로 쓰여 '~를 피폐하게 만들다'의 의미이다.
23) 熟計(숙계): 깊이 생각하다.
24) 善(선): 옳다. 여기서는 동의를 나타내며 대답하는 말이다.

종종 '於'와 결합하여 행위의 주동자를 표시해 주기도 한다.

3. 吾長**見笑於**大方之家。(『莊子』「秋水」)

나는 영구히 대도를 깨달은 사람들의 웃음거리가 될 뻔하였소.

4. 然而公不**見信於**人, 私不**見助於**友。(韓愈,「進學解」)

그러나 공적으로는 남에게 신임받지 못하고, 사적으로는 친구에게 도움을 받지 못하고 있습니다.

* 표지가 없는 피동문

고문 중에는 피동문임을 나타내주는 표지가 없이 의미적으로 피동문임을 나타내주는 문장이 많다. 이러한 형태가 고문에서는 더 보편적이다. 그러므로 우리는 고문을 읽을 때, 앞뒤 문장을 세심히 고려해서 일반적인 주술 술어문으로 보이는 문장이 피동문인지 아닌지를 파악해야 한다.

1. **兵挫地削**, 亡其六郡。(『史記』「屈原賈生列傳」)

병사는 꺾이고 땅은 깎여서 6개의 군을 잃었다.

2. 龍逢**斬**, 比干**剖**。(『莊子』「胠篋」)

관룡방은 목이 잘리고, 비간은 가슴이 갈려졌다.

3. 風至**苕折**。(『荀子』「勸學」)

바람이 불어와 이삭이 꺾이다.

[연습문제]

1. 다음 문장을 우리말로 번역해 보세요.

⑴ 今日不雨, 明日不雨, 卽有死蚌。

⑵ 今日不出, 明日不出, 卽有死鷸。

⑶ 兩者不肯相舍。漁者得而幷禽之。

⑷ 今趙且伐燕, 燕趙久相攻, 以弊大衆, 臣恐强秦之爲漁父也。

2. 본문에서 배운 단어의 의미를 이용해서 다음 성어를 해석해 보세요.

⑴ 鷸蚌相爭, 漁翁得利

⑵ 口誅筆伐

⑶ 一曝十寒

⑷ 百年之計

⑸ 深思熟慮

3. 다음 문장을 해석해 보고, 피동의 형식을 찾아 보시오.

⑴ 汝可疾去矣, 且見擒。(『史記』「商君列傳」)

⑵ 先絶齊而後責地, 則必見欺於張儀。(『史記』「楚世家」)

⑶ 宋師敗績, 華元虜。(『呂氏春秋』「察微」)

⑷ 鍥而不舍, 金石可鏤。(『荀子』「勸學」)

⑸ 蔓草猶不可除, 況君之寵弟乎?(『左傳』隱公元年)

7. 朝三暮四

宋有狙公者, 愛狙[1], 養之成羣。能解狙之意, 狙亦得公之心。損[2]其家口, 充狙之欲。俄[3]而匱[4]焉, 將限其食。恐衆狙之不馴[5]於己也, 先誑[6]之曰, 與若芧[7], 朝三而暮四, 足乎。衆狙皆起而怒。俄而曰, 與若芧, 朝四而暮三, 足乎。衆狙皆伏[8]而喜。(『列子』「黃帝」)

『**열자(列子)**』: 선진시기 열어구(列御寇)가 지은 것으로 알려졌지만, 내용과 언어 면에서 볼 때 위진(魏晉) 시대 사람의 작품으로 보인다. 민간의 고사, 우언, 신화 전설이 많이 수록되어 있다.

[번체자·간체자 대조]

損—损　匱—匮　衆—众　馴—驯

1) 狙(저): 원숭이.
2) 損(손): 덜다, 줄이다.
3) 俄(아): 얼마 안 있어.
4) 匱(궤): 다하다, 떨어지다.
5) 馴(순): 길들이다, 따르다, 순종하다.
6) 誑(광): 속이다, 기만하다.
7) 與若芧(여약서): '여(與)'는 동사로 주다, '약(若)'은 2인칭 대명사, '芧(서)'는 도토리.
8) 伏(복): 엎드리다.

[고문상식]

* '乎'의 용법

고문에서 '乎'는 자주 사용되는 글자로 어기조사, 전치사, 접미사로 쓰인다.

1. '乎'자가 어기조사로 사용되면 '呢, 嗎'처럼 의문이나 반어, '吧'처럼 추측이나 명령, '啊, 呀'처럼 감탄을 나타낸다.

(1) 孰爲汝多知**乎**?(『列子』「湯問」)

누가 당신이 많이 안다고 하더냐?

(2) 王侯將相寧有種**乎**?(『史記』「陳涉世家」)

왕후장상에 어찌 씨가 있으리요?

(3) 將軍豈有意**乎**?(『三國志』「蜀書·諸葛亮傳」)

장군께서는 어떻게 생각하십니까?

(4) 日食飮得無衰**乎**?(『戰國策』「趙策」4)

날마다 식사의 양이 줄어들지 않겠습니까?

(5) 然足下卜之鬼**乎**!(『史記』「陳涉世家」)

그러나 당신들은 귀신에게 점을 쳐야만 하는가?

(6) 天**乎**! 吾無罪。(『史記』「秦始皇本紀」)

하늘이시여! 저는 죄가 없습니다.

2. '乎'가 전치사로 쓰일 때는 '於'와 같이 시간이나 장소를 표시하거나 비교의 대상을 표시해 준다.

(1) 今雖死**乎**此, 比吾鄕鄰之死則已後矣。(柳宗元, 「捕蛇者說」)

오늘 비록 여기에서 죽어도 내 이웃의 죽음에 비하여 이미 늦은 셈입니다.

(2) 吾嘗疑**乎**是。(柳宗元, 「捕蛇者說」)

나는 일찍이 이 말을 의심했다

(3) 生**乎**吾前者, 其聞道也固先**乎**吾, 吾從而師之。(韓愈, 「師說」)

나보다 먼저 태어나고 그 도를 들음이 진실로 나보다 앞선다면 나는 그를 좇아 스승으로 삼을 것이다.

3. '乎'가 접미사로 쓰일 때는 형용사 또는 부사의 뒤에 쓰여 부사어처럼 쓰인다. 해석이 되지 않은 경우도 종종 있다.

(1) 峨大冠, 拖長紳者, 昻昻**乎**廟堂之器也。(劉基, 「賣柑者言」)

큰 관을 높이 쓰고 긴 띠를 두른 사람들이 뜻이 높고 뛰어나 조정의 인재처럼 보인다.

[연습문제]

1. 밑줄 친 부분의 의미에 주의해서 아래 문장을 번역해 보세요.

⑴ 其御之妻從門間而窺。

⑵ 擁大蓋, 策駟馬, 意氣揚揚, 甚自得也。

⑶ 晏子長不滿六尺。

⑷ 晏子薦以爲大夫。

⑸ 妾是以求去也。

2. '乎'자의 용법에 주의해서 다음 문장을 해석하세요.

⑴ 長鋏歸來乎! 食無魚。(『戰國策』「齊策四」)

⑵ 舟已行矣, 而劍不行。求劍若此, 不亦惑乎?(『呂氏春秋』「察今」)

⑶ 以無厚入有間, 恢恢乎其於遊刃必有餘地矣!(『莊子』「庖丁解牛」)

⑷ 孰知賦斂之毒有甚是蛇乎!(柳宗元,「捕蛇者說」)

⑸ 吾與汝畢力平險, 指通豫南, 達於漢陰, 可乎?(「愚公移山」)

8. 塞翁[1]之馬

近塞上之人, 有善術[2]者, 馬無故亡[3]而入胡[4]。人皆弔[5]之, 其父[6]曰: "此何遽[7]不爲福乎?" 居[8]數月, 其馬將[9]胡駿馬而歸。人皆賀[10]之, 其父曰: "此何遽不能爲禍乎?" 家富[11]良馬, 其子好騎, 墮[12]而折[13]其髀[14]。人皆弔之, 其父曰: "此何遽不爲福乎?" 居一年, 胡人大入塞[15], 丁壯[16]者引弦[17]而戰,

---

1) 塞翁(새옹): '새(塞)'는 변방, 변새. '새옹(塞翁)'은 변방 일대에 사는 노인.
2) 善術(선술): '선(善)'은 잘하다, 능하다. '술(術)'은 점술, 인간의 길흉화복을 예측하는 것.
3) 亡(망): 도망치다.
4) 胡(호): 장성(長城) 밖에 거하는 유목민을 가리킨다.
5) 弔(조): 불행을 당한 사람을 위로하다.
6) 父(부): 늙은이. 여기서는 '새옹(塞翁)'을 가리킨다.
7) 何遽(하거): 어찌……하겠는가?
8) 居(거): (시간이) 지나다.
9) 將(장): 데리고.
10) 賀(하): 하례하다, 축하하다.
11) 富(부): 여기서는 동사처럼 사용되어 '풍부히 있다, 많이 있다'의 뜻이다.
12) 墮(타): 떨어지다.
13) 折(절): 부러지다.
14) 髀(비): 넓적다리, 대퇴골.
15) 大入塞(대입새): 대거 변방에 침입하다.
16) 丁壯(정장): 성인 남자.
17) 引弦(인현): '현(弦)'은 활시위로, '인현(引弦)'은 무기를 들었다는 뜻이다.

近塞之人，死者十九[18)]。此獨以跛[19)]之故，父子相保[20)]。(『淮南子』「人間訓」)

『**회남자(淮南子)**』: 서한(西漢)의 회남왕(淮南王) 유안(劉安)과 그 문객이 편찬한 책으로 모두 21권이다. 원래의 이름은 『홍렬(鴻烈)』이었다. 이 책의 기본 사상은 도가에 속한다. 고대의 신화 전설을 많이 포함하고 있어 고대인의 생활과 사상을 아는 데에 많은 도움을 주고 있다. 장쌍체(張雙棣)의 『회남자교석(淮南子校釋)』이 참고할 만하다.

[번체자·간체자 대조]

術—术	將—将	駿—骏	訓—训
禍—祸	墮—堕	壯—壮	

[고문상식]

* 의동용법(意動用法)

의동용법은 주어가 목적어를 어떻다고 인식한다는 것이다.

1. 의동용법으로 사용되는 서술어는 주로 심리 활동을 표시하는 동사나 동사로 활용되는 형용사이다.

---

18) 十九(십구): 10분의 9.
19) 跛(파): 절뚝발이.
20) 保(보): 생명을 지키다.

⑴ 孟嘗君**怪**之。(『戰國策』「齊策四」)

맹상군이 그것을 이상하다고 여겼다.

⑵ 孔子登東山而**小**魯, 登泰山而**小**天下。(『孟子』「盡心下」)

공자가 동산에 올라 노나라를 작다고 여겼고, 태산에 올라 천하를 작다고 여겼다.

⑶ 叟不**遠**千里而來, 亦將有以利吾國乎?(『孟子』「梁惠王上」)

노인장께서 천 리를 멀다 여기지 않고 오셨으니, 또한 장차 내 나라를 이롭게 할 방법이 있는 거지요?

2. 동사로 활용되는 몇몇 명사도 의동의 의미를 표시할 수 있다.

⑴ 孟嘗君**客**我。(『戰國策』「齊策四」)

맹상군이 나를 빈객으로 대접했다.

⑵ 縱江東父老憐而**王**我, 何面目見之?(『史記』「項羽本紀」)

설사 강동의 부형들이 불쌍히 여겨 나를 왕으로 삼아준다고 한들 내가 무슨 면목으로 그들을 대하겠는가?

[연습문제]

1. 본문 내용에 의거해서 다음 문장을 해석해 보세요.

⑴ 塞翁失馬，安知非福?

⑵ 禍兮福之所倚, 福兮禍之所伏。

2. 다음 문장을 意動用法에 주의해서 해석해 보세요.

⑴ 滕公奇其言, 壯其貌。(『史記』「淮陰侯列傳」)

⑵ 其家甚智其子, 而疑隣人之父。(『韓非子』「說難」)

⑶ 老吾老, 以及人之老; 幼吾幼, 以及人之幼。(『孟子』「梁惠王上」)

9. 刻舟求劍

楚[1)]人有涉[2)]江者, 其劍自舟中墜[3)]於水, 遽[4)]契[5)]其舟, 曰: "是[6)]吾劍之所從墜[7)]"。舟止, 從其所契者[8)]入水求之。舟已行矣, 而劍不行。求劍若此, 不亦惑[9)]乎? 以故法[10)]爲[11)]其國, 與此同。時已徙[12)]矣, 而法不徙, 以爲[13)]治, 豈不難哉!

有過於江上者, 見人方[14)]引嬰兒而欲投之[15)]江中, 嬰兒啼。人問其故, 曰: "此[16)]其父善[17)]游。"其父雖善游, 其子豈遽善游哉! 以此任物[18)], 亦必悖[19)]矣。(『呂氏春秋』「察今」)

---

1) 楚(초): 나라 이름으로 지금의 호남성(湖南省)·호북성(湖北省)·안휘성(安徽省) 일대에 있었다.
2) 涉(섭): 건너다.
3) 墜(추): 떨어지다.
4) 遽(거): 곧, 즉시.
5) 契(계): '계(鍥)'와 통하여, 칼로 새긴다는 뜻이다.
6) 是(시): 지시대명사로, '이, 이것'의 뜻이다.
7) 所從墜(소종추): 떨어진 곳.
8) 所契者(소계자): 칼로 새긴 곳.
9) 惑(혹): 어리석다, 멍청하다.
10) 故法(고법): 옛날의 법.
11) 爲(위): 동사로, '다스리다'의 뜻이다.
12) 徙(사): 옮기다. 여기서는 '변하다'의 의미로 보아야 할 것이다.
13) 以爲(이위): '이지위(以之爲)'에서 '지(之)'가 생략된 것이다.
14) 方(방): 진행의 의미로 '~하는 중이다'의 뜻이다.
15) 之(지): 대명사로 '영아(嬰兒)'를 가리킨다.
16) 此(차): 대명사로 여기서는 '이 아이'의 의미이다.
17) 善(선): 잘하다, 능숙하다.
18) 任物(임물): 일을 처리하다. 여기서는 국가의 정사를 처리하는 것을 가리킨다.
19) 悖(패): 도리에 어긋나다.

『**여씨춘추(呂氏春秋)**』: 전국 시대 말엽 진(秦)나라의 승상 여불위(呂不韋)와 그 문객들이 편찬한 책으로 모두 26권 160편으로 이루어져 있다. 이 책은 유가와 도가를 중심으로 선진 시기 각 학파의 사상과 학설을 망라한 잡가(雜家)의 대표작이다.

[번체자·간체자 대조]

劍—剑　　豈—岂　　時—时

[고문상식]

* "以……爲"와 "以爲" 용법

1. 고문에서 "以……爲"와 "以爲" 용법은 매우 많은데, 간단하게 이야기하면, 전국 시대 전기까지는 이 둘의 용법은 대략 같다고 본다. 의미는 "……를 ……라고 여기다. 삼다"이다.

⑴ 王**以**和**爲**誑而刖其左足。(『韓非子』「和氏」)

왕은 화씨가 자기를 속였다고 여기고는 그의 왼쪽 발꿈치를 자르는 형벌을 내렸다.

⑵ 木直中繩, 柔**以爲**輪。(『荀子』「勸學」)

나무가 곧아서 먹줄에 들어맞더라도 구부리면 수레바퀴가 된다.

⑶ 扁鵲出, 桓侯曰, "醫之好治不病**以爲**功。(『韓非子』「喩老」)

편작이 나가자 환공이 말하기를 의원들은 병이 아닌 것을 치료하여 공으로 삼는 것을 좋아한다고 하였다.

2. 전국 시기부터 "以爲"에 다른 의미가 생겨났는데, "생각하다, 인식하다"의 뜻이다.

(1) 後之爲人君者不然, **以爲**天下利害之權皆出於我。(黃宗羲,「原君」)

훗날의 임금들은 그렇지 아니하여, 천하를 이롭게 하고 해롭게 하는 권세가 모두 자기에게서 나온다고 생각했다.

(2) 酈元**以爲**下臨深潭, 微風鼓浪, 水石相搏, 聲如洪鍾。(蘇軾,「石鍾山記」)

역도원은 '(석종산) 아래쪽은 깊은 못과 맞닿아 있는데, 미풍이 불어 파랑을 일으키면, 파도가 바위를 쳐서 그 소리가 마치 큰 종이 울리는 것과 같다'고 생각했다.

[연습문제]

1. 밑줄 친 곳에 주의해서 다음 문장을 해석해 보세요.

⑴ 其劍自舟中墮於水

⑵ 是吾劍之所從墮

⑶ 從其所契者入水求之

⑷ 求劍若此, 不亦惑乎?

10. 螳螂捕蟬

吳王[1]欲伐荊[2], 告其左右[3]曰: “敢[4]有諫[5]者, 死。” 舍人[6]有少孺子[7]者, 欲諫不敢, 則懷丸操彈[8], 遊於後園, 露霑[9]其衣, 如是者[10]三旦[11]。吳王曰: “子來, 何故霑衣如此?” 對曰: “園中有樹, 其上有蟬[12], 蟬高居悲鳴飮露, 不知螳螂[13]在其後也。螳螂委身[14]曲附[15], 欲取蟬, 而不知黃雀[16]在其傍[17]也, 黃雀延頸[18], 欲啄螳螂, 而不知彈丸在其下也。此三者, 皆務欲得其前利, 而不顧其後之有患也。” 吳王曰: “善哉!”

---

1) 吳王(오왕): 오나라 왕 수몽(壽夢)을 가리킨다.
2) 荊(형): 초(楚)나라의 별칭.
3) 左右(좌우): 오왕의 측근에 있는 사람들을 가리킨다.
4) 敢(감): 감히. 감히 하다.
5) 諫(간); 간언하다.
6) 舍人(사인): 군왕의 시종관.
7) 少孺子(소유자): 나이 어린 사람.
8) 懷丸操彈(회환조탄): 탄알을 품고 그것을 쏘는 화살을 들다.
9) 霑(점); 젖다, 적시다.
10) 如是者(여시자); 이와 같은 것(상황).
11) 旦(단): 아침.
12) 蟬(선): 매미.
13) 螳螂(당랑): 사마귀.
14) 委身(위신): 몸을 굽히다.
15) 附(부): 가까이 다가오다.
16) 黃雀(황작): 참새.
17) 傍(방): ‘방(旁)’과 통하여 ‘곁, 옆’의 뜻이다.
18) 延頸(연경): 목을 빼다. 목을 늘이다.

乃罷[19]其兵[20]。(『說苑』「正諫」)

『**설원(說苑)**』: 한나라 때의 유향(劉向, B.C.77~B.C.6)이 지은 책으로 『신서(新書)』와 함께 역사 고사를 모아놓고 있다. 유향은 서한 시대의 황족으로 유명한 경학가이자 산문가이다.

[번체자·간체자 대조]

蟬—蝉	諫—谏	鳴—鸣	彈—弹
園—园	樹—树	務—务	

[고문상식]

* '也'자의 용법

고문 중에서 '也'는 주로 語氣詞로 각종 문장에서 쓰이며, 다른 어기를 나타내 준다. 이를 크게 두 가지로 나누어 볼 수 있다.

I. 문장의 끝에서 긍정의 어감을 나타내 준다.

1. 판단구의 끝에 쓰여 사물이 무엇인지를 긍정하거나 그렇지 않다는 것을 나타내 준다.

(1) 陳勝者, 陽城人氏**也**, 字涉。(『史記』「陳涉世家」)

진승은 양성 사람으로 자는 섭이었다.

19) 罷(파): 그만두다.
20) 兵(병): 군대를 일으키다.

⑵ 離騷者, 猶離憂**也**。(『史記』「屈原列傳」)

이소는 근심을 만나다는 뜻이다.

⑶ 滅六國者, 六國**也**, 非秦**也**。(杜牧,「阿房宮賦」)

육국을 멸망시킨 것은 육국이지 진나라가 아니다.

2. 의문문과 기원문에서도 긍정을 나타내주는데, 현대 한어 '呢'나 '啊'와 같은 의미이다.

⑴ 若爲傭耕, 何富貴**也**?(『史記』「陳涉世家」)

당신은 고용당해 머슴살이 하는데 무슨 말할 만한 부귀가 있겠소?

⑵ 安陵君不聽寡人, 何**也**?(『戰國策』魏策四, 「唐雎不辱使命」)

안릉군이 과인의 말을 듣지 않는 것은 어째서인가?

3. 감탄문에서도 긍정을 나타내 주는데, 현대 한어 '啊'와 같은 의미이다.

先生之恩, 生死而肉骨**也**。(馬中錫, 『中山狼傳』)

선생의 은혜는 죽은 사람을 살리고, 뼈에서 살이 돋도록 하는 것입니다.

II. 문장 중간에 사용되어 잠깐 멈춤을 나타내기도 한다.

(1) 師道之不傳**也**久矣!(韓愈, 「師說」)

스승의 도가 전해지지 않은 지 오래되었다.

(2) 回**也**不改其樂。(『論語』「雍也」)

안회는 그 즐거움을 바꾸지 않았다.

[연습문제]

1. 다음 밑줄 친 단어의 의미를 말해 보시오.

(1) 吳王欲伐荊

(2) 則懷丸操彈

(3) 游於後園

(4) 如是者三旦

(5) 皆務欲得其前利, 而不顧其後之有患也

2. 본과에서 배운 내용을 참고해서 다음 문장을 해석해 보세요.

(1) 除惡務盡

(2) 安民告示

(3) 文死諫, 武死戰

(4) 高居悲鳴

(5) 螳螂捕蟬, 黃雀在後

(6) 欲罷不能

11. 勸學

君子[1]曰：學不可以已[2]。青，取之於藍[3]，而[4]青於藍[5]。冰，水爲之，而寒於水[6]。木直中[7]繩[8]，輮[9]以爲輪[10]，其曲[11]中規[12]。雖有槁暴[13]不復[14]挺[15]者，輮使之然也。故木受繩[16]則直，金[17]就礪[18]則利[19]，君子博學而日參省[20]乎

---

1) 君子(군자): 학식과 도덕을 겸비한 이상적인 인격체.
2) 已(이): 그만두다. 그치다.
3) 藍(람): 쪽풀.
4) 而(이): 역접을 나타내는 접속사. 그러나.
5) 青於藍(청어람): 쪽풀보다 푸르다. '어(於)'는 비교를 나타내는 전치사.
6) 寒於水(한어빙): 물보다 차다.
7) 中(중): 맞다, 부합하다. 이때의 중국어 발음은 zhòng이다.
8) 繩(승): 먹줄.
9) 輮(유): '유(揉)'와 통하여 불을 사용하여 나무를 구부린다는 의미이다.
10) 輪(륜) : 바퀴.
11) 曲(곡): 굽은 정도.
12) 規(규):목수가 원형을 그릴 때 사용하는 그림쇠.
13) 槁暴(고폭): 말리고 햇볕에 쪼이다.
14) 復(부): 다시.
15) 挺(정): 곧다.
16) 受繩(수승): 먹줄을 받다. 가공을 거친다는 뜻이다.
17) 金(금): 금속으로 이루어진 칼이나 도끼 같은 도구.
18) 就礪(취려): '취(就)'는 동사로 '나아가다, 가까이하다'의 뜻이고, '려(礪)'는 숫돌이다. '취려(就礪)'는 칼같은 쇠붙이를 숫돌에 간다는 뜻이다.
19) 利(리): 날카롭다.
20) 日參省(일삼성): '일(日)'은 매일, 날마다. '삼(參)'은 '삼(三)'과 통하며 여러 차례라는 뜻. '성(省)'은 반성하다. 살피다. 『논어

己，則知[21]明而行[22]無過[23]矣。

故不登高山，不知天之高也；不臨深溪[24]，不知地之厚也；不聞先王之遺言，不知學問之大也。干、越、夷、貉[25]之子，生而同聲，長而異俗，教使之然[26]也。詩[27]曰："嗟爾[28]君子，無恒安息。靖共爾位[29]，好是正直。神之聽之，介爾景福[30]。" 神莫大於化道[31]，福莫長[32]於無禍。

吾嘗終日而思矣，不如須臾[33]之所學也；吾嘗跂[34]而望矣，不如登高之博見也。登高而招，臂非加長也，而見者遠。

(論語)』「학이(學而)」: "曾子曰, 吾日三省吾身。爲人謀而不忠乎? 與朋友交而不信乎? 傳不習乎?" 참조.

21) 知(지): '지(智)'와 통하여 지혜라는 뜻이다.
22) 行(행): 행위, 행동.
23) 過(과): 잘못.
24) 深溪(심계): 깊은 골짜기. 깊은 계곡.
25) 干越夷貉(한월이맥): '한(干)'은 지금의 강소성(江蘇省) 일대. '월(越)'은 지금의 절강성(浙江省) 일대. '이(夷)'는 동이(東夷)로서 지금의 산동성(山東省) 일대. '맥(貊)'은 지금의 동북(東北) 및 한국(韓國) 일대.
26) 教使之然(교사지연): 교육이 그들을 그렇게 만든 것이다.
27) 詩(시): 훗날의 『시경(詩經)』을 말한다. 이 시는 「소아(小雅)」 소명편(小明篇) 제5장이다.
28) 嗟爾(차이): 감탄사. 아아!
29) 靖共爾位(정공이위): 조용히 공손히 그대의 지위를 지키다.
30) 介爾景福(개이경복): 그대에게 큰 복을 주다.
31) 化道(화도): 도리를 따르다.
32) 長(장): 앞 구의 '대(大)'와 같은 의미이다.
33) 須臾(수유): 잠깐, 짧은 순간, 찰나.
34) 跂(기): 발돋움하다.

順風而呼，聲非加疾[35]也，而聞者彰[36]。假[37]輿馬者，非利足[38]也，而致千里；假舟楫[39]者，非能水[40]也，而絕[41]江河。君子生非異也，善假於物也。(『荀子』「勸學」)

荀子(순자, B.C.313~B.C.238): 이름은 황(況)이며, 전국 말기 조(趙)나라 사람이다. 선진 시기 마지막 유가의 스승이었지만, 그의 사상 중에는 법가적인 요소가 포함되어 있다. 그래서 그의 제자 중에 한비자(韓非子)와 이사(李斯)가 있다. 그의 저서 『순자(荀子)』는 현재 32편이 전해지고 있는데, 대부분이 그의 저작이고 일부분만 그의 제자들이 지은 것으로 알려져 있다. 이 속에서 그는 정치 · 철학 · 치학(治學)의 방법·입신 처세의 도 등에 대해 이야기를 하고 있다.

[번체자·간체자 대조]

勸—劝	雖—虽	遠—远	聲—声
異—异	藍—蓝	輪—轮	順—顺

35) 疾(질): 강하다, 맹렬하다.
36) 彰(창): 뚜렷하다, 분명하다.
37) 假(가): 빌리다.
38) 利足(리족): 걸음이 빠르다.
39) 舟楫(주즙): 배와 노.
40) 水(수): 명사가 동사화된 것으로 수영하다의 뜻이다.
41) 絕(절): 동사로 건너다의 뜻이다.

[고문상식]

* '之'자의 용법

고문에서 '之'자의 용법은 다양하다. 이를 다음과 같이 크게 3가지로 나누어 살펴볼 수 있다.

1. 대명사

(1) 인칭대명사로 쓰여 동사 혹은 전치사의 목적어가 된다.

我見相如, 必辱**之**。(『史記』「廉頗藺相如列傳」)

내가 상여를 만나면 반드시 그를 욕보일 것이다.

本荒而用侈, 則天不能使**之**富。(『荀子』「天論」)

근본을 버리고 사치를 하면 하늘이 그를 부유하게 해주지 않는다.

(2) 지시대명사로 쓰여 문장 중에서 한정어 역할을 하여 근칭을 표시해 준다.

之二蟲又何知?(『莊子』「逍遙遊」)

이 두 곤충이 또한 무엇을 알겠는가?

2. 조사

(1) 현대 한어 '的'과 같이 한정어와 중심어 사이에 놓인다.

永州之野産異蛇, 黑質而白章。(柳宗元,「捕蛇者說」)

영주의 들에서 기이한 뱀이 나는데, 검은색 바탕에 흰색 무늬가 있었다.

公輸盤爲楚造雲梯之械。(『墨子』「公輸」)

공수반이 초나라를 위해 운제(높은 곳에 걸쳐 올라가는 공성용의 사닥다리)를 만들어 주었다.

(2) 목적어가 도치되었다는 것을 나타내기 위해 도치된 목적어와 서술어 사이에 놓인다.

宋何罪之有?(『墨子』「公輸」)

송나라에게 무슨 죄가 있습니까?

今子是之不察, 而以察吾。(劉基,「賣柑者言」)

지금 당신께서는 이러한 것도 이해하지 못하시고, 오히려 저의 귤만 헐뜯고 계십니다.

(3) 문장의 주어와 술어 사이에, 또는 주어구와 술어구 사이에 놓인다. 이 때의 '之'는 구체적인 의미를 지니지 않는다.

孤之有孔明, 猶魚之有水也。(『三國志』「蜀志·諸葛亮傳」)

나에게 공명이 있는 것은 물고기에게 물이 있는 것과 같다.

雖我之死, 有子存焉。(『列子』「愚公移山」)

비록 나는 죽더라도 아들이 있을 것이다.

(4) 음절을 맞추기 위해 어휘나 문법적 의미 없이 쓰이기도 한다.

塡然鼓之。(『孟子』「梁惠王上」)

둥둥 북을 치다.

悵恨久之。(『史記』「陳涉世家」)

슬픔과 한이 오래 되다.

3. 동사로 쓰여 '~로 가다'의 의미를 지닌 서술어로 쓰이기도 한다.

曾子之妻之市。(『韓非子』「外儲說左上」)

증자의 아내가 저잣거리로 갔다.

[연습문제]

1. 다음의 '過'와 '利'의 의미를 말해 보세요.

⑴ 人非聖賢, 孰能無過

⑵ 有過之而無不及

⑶ 言過其實

⑷ 聰明過人

⑸ 唯利是圖

⑹ 吾矛之利, 於物無不陷也

⑺ 天時不如地利, 地利不如人和

2. 다음 문장을 해석해 보세요.

⑴ 玉不琢, 不成器, 人不學, 不知道。

⑵ 自恃其聰與敏而不學者, 自賊者也。

⑶ 知不足者好學, 恥下問者自滿。

⑷ 善學者假人之長, 以補其短。

3. 다음 문장을 해석하고, '之'의 용법을 설명하시오.

⑴ 寡人之於國也, 盡心焉耳矣。(『孟子』「梁惠王上」)

⑵ 此天之亡我, 非戰之罪也。(『史記』「項羽本紀」)

⑶ 桀紂之失天下也, 失其民也。(『孟子』「離婁上」)

⑷ 託其妻子於其友而之楚遊。(『孟子』「梁惠王下」)

⑸ 觀百獸之見我而敢不走乎(『戰國策』「楚策一」)

⑹ 棄之

⑺ 四境之內

12. 教學相長

玉不琢[1], 不成器, 人不學, 不知道[2]。是故古之王者建國君[3]民, 教學爲先。兌[4]命曰, "念終始典[5]于學。" 其此之謂乎! 雖有嘉肴, 弗食, 不知其旨也。雖有至道, 弗學, 不知其善也。是故學然後知不足, 教然後知困。知不足, 然後能自反[6]也。知困, 然後能自强也。故曰, 教學相長也。(『禮記』「學記」)

『**예기(禮記)**』: 유가 경전의 하나로 『소대예기(小戴禮記)』라고도 칭해진다. 서한(西漢)의 대성(戴聖)이 편정(編定)하였으며, 진한(秦漢) 시대 이전의 각종 예의(禮儀)에 대한 글을 모아놓은 선집이다. 모두 49편인데, 대부분이 공자의 제자, 2대 제자, 3대 제자 등이 집록(輯錄)한 것으로, 중국 고대 사회의 상황, 유가의 학설, 문물제도 등을 연구하는 데에 중요한 참고 자료가 된다. 다른 것으로는 한나라의 대덕(戴德)이 집록한 58편의 『대대예기(大戴禮記)』가 있는데, 지금은 39편만이 전해지고 있다.

---

1) 琢(탁): 옥돌같은 것을 쪼아 조각하다.
2) 道(도): 도리.
3) 君(군): 동사로 사용되어 통치하다, 다스리다의 뜻이다.
4) 兌(태): 『상서(尙書)』에 「열명(說命)」편이 있어 '열(說)'의 오자로 보인다.
5) 典(전): 항상.
6) 自反(자반): 스스로 반성하다.

[번체자·간체자 대조]

雖—虽　　謂—谓　　長—长

[고문상식]

* 고문의 생략

고문에서 생략은 보편적인 것으로, 생략된 성분을 잘 유추해내어야 전체 문장을 잘 이해할 수 있을 것이다. 고문 중에서 생략 현상은 다음과 같다.

1. 술어의 생략: 술어구는 문장의 핵심이기 때문에 일반적으로 생략할 수 없다. 그러나 고문에서는 술어를 생략하는 현상이 있기도 하다.

好言自口, 莠言自口。(『詩經』「正月」)

좋은 말도 입에서 나오고 나쁜 말도 입에서 나오는 것

2. 중심어의 생략: 문장 중에 수식어만 있고 피수식어가 생략되어 있는 구조이다. 이런 경우 수식을 받는 대상을 유추해 보아야 한다.

披堅執銳。(『史記』「陳涉世家」)

갑옷을 입고 무기를 들다.

懼有伏焉。(『左傳』莊公十年)

거짓으로 퇴각하여 복병을 숨기는 것을 두려워했습니다.

3. 兼語의 생략: 고문에서 겸어는 자주 생략된다.

召孟明、西乞、白乙，使出師於東門之外。(『左傳』僖公三十二年)

맹명과 서기와 백복 등 세 장수에게 명하여 군사들을 이끌고 도성의 밖에서 출발하게 했다.

衛鞅亡魏入秦，孝公以爲相。(『戰國策』「秦策一」)

위앙이 위나라에서 도망쳐서 진나라로 들어오니, 효공이 그를 재상으로 삼았다.

4. 주어의 생략: 고문에서 주어의 생략은 조건이 광범위하기 때문에 주의를 기울여야 한다.

初，鄭武公娶於申，曰武姜。(『左傳』隱公元年)

당초에 정나라 무공이 신땅에서 아내를 맞아들였는데, 그녀의 이름이 무강이었다.

永州之野產異蛇，黑質而白章，觸草木，盡死……(柳宗元,「捕蛇者說」)

영주의 들판에서 기이한 뱀이 나왔는데, 검은색 바탕에 하얀 무늬가 있었고, 그것이 초목에 닿기만 하면 모두 죽었다.

[연습문제]

1. 다음 문장을 해석해 보세요.

⑴ 玉不琢, 不成器。

⑵ 雖有至道, 弗學, 不知其善也。

2. 생략된 부분을 생각해서 다음 문장을 해석해 보세요.

⑴ 以相如功大, 拜爲上卿。(『史記』「廉頗藺相如列傳」)

⑵ 歸至家, 妻不下紝, 嫂不爲炊, 父母不與言。(『戰國策』「秦策一」)

⑶ 夫樊將軍, 秦王購之千金, 邑萬戶。(『史記』「刺客列傳」)

13. 苛政[1]猛[2]於虎

孔子過泰山[3]側, 有婦人哭於墓者而哀。夫子[4]式[5]而聽之。使子路問之, 曰: "子之哭也, 壹[6]似重有憂[7]者。" 而曰: "然。昔者吾舅[8]死於虎, 吾夫子又死焉[9], 今吾子又死焉。" 夫子曰: "何爲[10]不去也?" 曰: "無苛政。" 夫子曰: "小子[11]識[12]之! 苛政猛於虎也!"(『禮記』「檀弓」)

---

1) 苛政(가정): 가혹한 정치. 백성을 가혹하게 수탈하는 정치를 말한다.
2) 猛(맹): 사납다, 가혹하다.
3) 泰山(태산): 산동성(山東省) 태안현(泰安縣)에 있는 산으로, 오악(五嶽) 중의 하나.
4) 夫子(부자): 선생님. 여기서는 공자를 가리킨다.
5) 式(식): '식(軾)'과 통하며 여기서는 동사로 쓰였다. 수레의 앞턱 가로나무에 손을 올리는 것으로, 이를 통해 예를 표하였다.
6) 壹(일): 확실히, 분명히.
7) 重有憂(중유우): 몇 가지의 슬픈 일이 연이어 있다.
8) 舅(구): 시아버지.
9) 死焉(사언): '언(焉)'은 '어지(於之)'의 준말로, '사언(死焉)'은 '사어지(死於之)' 즉, '호랑이에게 물려 죽었다'는 뜻이다.
10) 何爲(하위): 왜, 어찌하여. 의문사가 전치사의 목적어로 쓰일 때는 어순이 도치된다.
11) 小子(소자): 젊은이. 어른이 젊은이들을 또는 스승이 제자를 사랑스럽게 부르는 말이다.
12) 識(식): 기억하다.

[번체자·간체자 대조]

婦—妇　　禮—礼　　記—记　　側—侧

[고문상식]

* 명사의 부사어화

고문에서 명사가 부사어로 사용되는 것은 비교적 자주 보이는 현상이다. 이것은 동사 앞에서 쓰여 동사를 수식하는 역할을 한다. 용법은 상태·태도·도구·방식·신분 등의 의미를 나타내 준다.

1. 상태나 태도를 나타낼 때는 항상 '~와 같이'로 해석될 수 있다.

有狼當道, **人**立而啼。(馬中錫 ,「中山狼傳」)

이리가 길을 막고 사람처럼 서서 울고 있다.

齊將田忌善而**客**待之。(『史記』「孫子吳起列傳」)

제나라 장수 전기가 그를 좋다고 여겨서 빈객으로 대접하였다.

2. 도구, 방식, 신분 등을 나타낼 때는 '用·以·按·在·從'과 같은 전치사를 덧붙여서 해석한다.

群臣後應者, 臣請**劍**斬之。(『漢書』「霍光傳」)

뭇 신하들 중에 늦게 응하는 자는 신이 칼로 그를 베겠습니다.

天下溺，援之以道；嫂溺之，援之以手。子欲手援天下乎?(『孟子』「離婁上」)

천하가 물에 빠졌으면 도로 구해야 하고, 형수가 물에 빠졌으면 손으로 구해야 한다. 그대는 손으로 천하를 구하려고 하는가?

[연습문제]

1. 다음을 해석하고 '於'의 용법을 말해 보시오.

⑴ 青, 取之於藍, 而青於藍。

⑵ 人固有一死, 或重於泰山, 或輕於鴻毛。

⑶ 千里之行, 始於足下。

⑷ 有備則治人, 無備則治於人。

2. 다음 문장을 해석하시오.

⑴ 乞食於野人, 野人與之块[13]。(『左傳』僖公二十三年)

⑵ 至之市, 而忘操之。(『韓非子』「外儲說左上」)

⑶ 公語之故, 而告之悔。(『左傳』隱公元年)

⑷ 此予之所得也。(王安石,「遊褒禪山記」)

---

13) 块(괴): 흙덩이.

3. 다음 문장을 해석하고 부사어로 쓰인 명사를 골라 보시오.

⑴ 嫂蛇行匍伏。(『戰國策』「秦策一」)

⑵ 君爲我呼入, 我得兄事之。(『史記』「項羽本紀」)

⑶ 朝聞道, 夕死可矣。(『論語』「里仁」)

14. 小國寡民

小國寡[1]民, 使民有什伯[2]之器而不用, 使民重[3]死而不遠徙[4]。雖有舟輿, 無所乘之, 雖有甲兵[5], 無所陳[6]之。使民復結繩[7]而用之。甘[8]其[9]食, 美其服, 安[10]其居, 樂其俗。鄰國相望, 鷄犬之聲相聞[11], 民至老死不相往來。(『老子』第80章)

---

1) 小(소), 寡(과): 사동용법(使動用法)으로 보아서 소국과민(小國寡民)은 '나라를 작게 만들고 백성을 적게 만든다.'로 해석을 해야 한다.
2) 什伯(십백): 십(什)'은 열 배, '백(伯)'은 백 배이다.
3) 重(중): 의동용법(意動用法)으로 '~를 중요하게 여기다'로 해석해야 한다. 그러나 어떤 이는 '중(重)'을 chóng로 읽어 두 번째라고 보기도 한다.
4) 徙(사): 옮기다. 이사 가다.
5) 甲兵(갑병): '갑(甲)'은 갑옷을 입은 병사. '병(兵)'은 무기나 병기를 말한다.
6) 陳(진): '진(陣)'과 통하여 진을 치다, 진을 펼치다의 의미이다.
7) 結繩(결승): 전설에서 문자 출현 전에 사람이 새끼 매듭을 묶어서 수를 셈하던 방법이다.
8) 甘(감): 형용사의 사동용법과 의동용법으로 보아서 '~가 ~를 맛있다고 여겼다'로 해석을 해야 한다. 뒤의 '미(美)·안(安)·낙(樂)'도 마찬가지이다.
9) 其(기): 그들, 여기서는 백성을 가리킨다.
10) 安(안): 편안하다.
11) 聞(문): 알아들을 수 있다.

노자(老子, ?~?): 일설에는 노담(老聃)이라고 하며, 성은 이(李)이고 이름이 이(耳)이다. 초(楚)나라 고현(苦縣, 지금의 河南省 鹿邑縣 동쪽) 사람이다. 춘추 시대 사상가로 도가(道家)의 창시자이다. 전해오는 이야기에 따르면 주(周)나라에서 도서를 관리하는 사관(史官)을 지낼 때에 공자가 그를 찾아와 예에 대해 물어봤다고 한다.

현존하는 『노자』는 모두 5,000여 자로 되어 있다. 이 책은 전국시대에 그의 노자의 제자와 후인들이 그의 학설에 근거해서 편찬했을 가능성이 있다. 고형(高亨)의 『노자정고(老子正詁)』를 참고할 만하다.

[번체자·간체자 대조]

陳—陈　　結—结　　鷄—鸡　　鄰—邻

[고문상식]

* '焉'자의 용법

고문에서 '焉'자의 용법은 네 가지로 나누어 볼 수 있다.

1. 지시대명사 겸 어기조사로 사용되어 장소·사물 혹은 사람을 대신하여 가리키는 동시에 진술의 어기를 나타내 준다.

(1) 三人行, 必有我師焉。(『論語』「述而」)

세 사람이 길을 가면 반드시 그곳에 나의 스승이 있다.

(2) 昔者吾舅死於虎, 吾夫又死焉。(『禮記』「檀弓下」)

옛날에 내 시아버지가 호랑이에게 죽었고, 내 남편 또한 그것에게 죽었습니다.

⑶ 過而能改, 善莫大焉。(『左傳』宣公二年)

잘못이 있어도 고칠 수 있다면 이보다 더 큰 착함은 없다.

2. 어기 조사로 주의를 끄는 작용을 한다.

⑴ 雖我之死, 有子存焉, ……。(「愚公移山」)

비록 내가 죽더라도 내 아들이 있을 것이고,…….

⑵ 寒暑易節, 始一返焉。(「愚公移山」)

추위와 더위 계절이 바뀌어서 비로소 한 번 반복했다.

3. 의문대명사로 현대 한어 '哪儿'처럼 장소를 묻는 데에 사용하거나, '怎么 , 哪里'처럼 반어문에 사용되기도 한다.

⑴ 且焉置土石? (「愚公移山」)

또 파낸 흙과 돌은 어디로 치우려 하시나요?

⑵ 非再至, 焉知其奇若此?(袁枚, 「游黃山記」)

다시 오지 않는다면, 이와 같이 기묘한 것을 어찌 알 수 있겠는가?

4. 형용사 접미어로 쓰인다.

⑴ 少焉, 月出於東山之上。(蘇軾, 「前赤壁賦」)

잠시 후에 달이 동산의 위로 떠올랐다.

[연습문제]

1. 다음 문장을 해석해 보고 동사화된 글자를 찾아 보시오.

⑴ 今吾以十倍之地請廣於君，而君逆寡人者，輕寡人與?(『戰國策』「魏策四」)

⑵ 晉伯秦侯圍鄭, 以其無禮於晉, 且貳於楚也。(『左傳』僖公三十年)

⑶ 春風又綠江南岸, 明月何時照我還?(王安石,「船泊瓜州」)

⑷ 金鼓旌旗者, 所以一人之耳目也。(『孫子』「軍爭」

2. '焉'의 용법에 주의해서 다음 문장을 해석하시오.

⑴ 夫五人之死, 去今之墓而葬焉, 其爲時止十有一月耳。(张溥,「五人墓碑記」)

⑵ 食其祿, 焉避其難。(『三國志』「魏志·王修傳」)

⑶ 積善成德, 而神明自得, 聖心備焉。(『荀子』「勸學」)

⑷ 而小儒規規焉, 以君臣之義無所逃於天地之間。(黃宗羲「原君」)

⑸ 王笑曰, "聖人非所與熙也, 寡人反取病焉。"(「晏子使楚」)

15. 馬說

世有伯樂[1)]，然後有千里馬。千里馬常有，而伯樂不常有。故雖有名馬，秖[2)]辱於奴隸人之手，駢死[3)]於槽櫪[4)]之間，不以千里稱也。馬之千里者，一食或盡粟一石，食[5)]馬者，不知其能千里而食也。是馬也，雖有千里之能，食不飽，力不足，才美[6)]不外見[7)]，且欲與常馬等不可得，安[8)]求其能千里也。策之不以其道，食之不能盡其材，鳴之而不能通其意，執策而臨之曰："天下無馬。" 嗚呼！其真無馬邪？其真不知馬邪?(韓愈,「雜說四」)

---

1) 伯樂(백락): 사람 이름. 성은 손(孫), 이름은 양(陽)으로, 주나라 때에 말을 잘 식별하기로 유명했던 사람이다.
2) 秖(지): '지(只)'와 같은 뜻으로 단지, 다만의 의미이다. '지(祗)'로 되어 있는 판본도 있다.
3) 駢死(병사): 나란히 죽다.
4) 槽櫪(조력): '조(槽)'는 말구유, '력(櫪)'은 마판. 두 글자가 합해져서 말을 기르는 마굿간을 뜻한다.
5) 食(사): '먹이다(=飼)'의 뜻이다.
6) 才美(재미): 재주와 미모. 내재하고 있는 재주와 뛰어난 점을 가리킨다.
7) 見(현): '드러내다(=現, 顯)'의 뜻.
8) 安(안): 의문대명사로 '어찌'의 뜻.

韓愈(한유, 768~824): 당(唐)나라의 시인이며 문장가. 당송팔대가 중의 한 사람. 자는 퇴지(退之)로 남양(南陽, 지금의 하남성(河南省) 맹현(孟縣)) 사람이다. 선조가 창려(昌黎, 지금의 하북성(河北省) 서수현(西水縣) 서쪽)에서 살아 그를 한창려(韓昌黎)라고 부르기도 했다. 3세 때 고아가 되어 형수인 정부인(鄭夫人)이 그를 키웠다고 한다. 24세 때인 덕종(德宗) 정원(貞元) 8년(792)에 진사에 급제하여 감찰어사(監察御使), 형부시랑(刑部侍郎)을 지내다가 불교를 철폐하자는 상소를 올려 황제의 노여움을 사 조주자사(潮州刺史)로 폄적되기도 하였다. 이후에 다시 조정으로 돌아와 국자감쇄주(國子監祭酒), 이부시랑(吏部侍郎)을 지냈다. 시와 산문에 모두 뛰어났으며 고문운동(古文運動)을 제창하여 변려문(騈儷文)을 배격하고 유가사상에 기초한 '문이재도(文以載道)'를 주장하였다. 시문집으로 『창려선생집(昌黎先生集)』 50권이 있다.「잡설(雜說)」은 모두 네 편으로 각각 '용(龍)', '의술(醫)', '학(鶴)', '말(馬)'에 대한 내용을 담고 있어 서로 다른 내용이 함께 있으므로 '잡설'이라 한 것이다. 본문은 그중 네 번째 작품으로 가장 많이 읽히고 있다.

[번체자·간체자 대조]

樂—乐　　盡—尽　　間—间　　眞—真

臨—临

[고문상식]

* '莫'의 용법

고문에서 '莫'은 주로 부정을 나타내는 대명사나 부사로 쓰인다.

1. 대명사로 쓰이게 되면 문장의 주어가 되어 '아무도 없다, 아무 것도 없다, 어떤 곳도 없다'의 의미로 쓰이게 된다.

⑴ 王使屈平爲令, 衆**莫**不知。(『史記』「屈原賈生列傳」)

대왕께서 굴원에게 법령을 만들라고 하신 것을, 모든 사람이 알고 있습니다.

⑵ 過而能改, 善**莫**大焉。(『左傳』宣公二年)

잘못이 있어도 고칠 수 있다면 이보다 더 큰 착함은 없다.

⑶ 溥天之下, **莫**非王土。(『詩經』「小雅·谷風之什·北山」)

모든 하늘 밑이 모두가 임금의 땅이 아닌 것이 없네.

2. 부사로 쓰이면 부정을 나타낸다.

⑴ 三歲貫女, **莫**我肯顧。(『詩經』「魏風·碩鼠」)

때로는 금지를 나타내기도 한다.

⑴ **莫**用衆人之議也。(司馬光, 『資治通鑑』)

[연습문제]

1. 다음 문장을 해석해 보세요.

⑴ 時時爲安慰, 久久莫相忘。(「孔雀東南飛」)

⑵ 莫等閒, 白了少年頭, 空悲切。(岳飛,「滿江紅」)

⑶ 吾所以待侯生者備矣, 天下莫不聞。(『史記』「魏公子列傳」)

16. 陋室銘

劉禹錫

山不在[1)]高, 有僊[2)]則名[3)]。水不在深, 有龍則靈。斯[4)]是陋室[5)], 惟吾德馨[6)]。苔痕[7)]上階綠[8)], 艸[9)]色入簾[10)]青。談笑有鴻儒[11)], 往來無白丁[12)]。加以調素琴[13)], 閱金經[14)], 無絲竹[15)]之亂耳, 無案牘[16)]之勞形[17)]。南陽諸葛廬[18)], 西蜀子雲亭[19)]。

---

1) 在(재): ……에 있다.
2) 僊(선): '선(仙)'과 같은 글자. 속세를 떠나 불로장생의 선술(仙術)을 배운 사람.
3) 名(명): 유명하다, 저명하다.
4) 斯(사): 지시대명사로, 이것이라는 뜻이다.
5) 陋室(누실): 누추한 방. 여기서는 작가의 서실을 가리키는 것으로 지금의 안휘성(安徽省) 화현(和縣)에 있었다.
6) 德馨(덕형): 덕망이 향기처럼 멀리 퍼지다.
7) 苔痕(태흔): 이끼의 자국, 흔적.
8) 上階綠(상계록): 섬돌에 푸르게 피어오르다.
9) 艸(초): '초(草)'와 같은 글자이다.
10) 簾(렴): 창문이나 문에 여름에 치는 발 또는 주렴. 여기서는 빛이 투과할 수 있는 비단이나 대나무로 만든 발을 가리킨다.
11) 鴻儒(홍유): 학문과 도덕이 높은 선비.
12) 白丁(백정): 평민. 지식이 없는 속인.
13) 素琴(소금): 장식이 없는 거문고.
14) 金經(금경): 불경.
15) 絲竹(사죽): 현악기와 관악기. 전하여 음악.
16) 案牘(안독): 문서와 서찰. '안(案)'은 관아의 공문서, '독(牘)'은 문서, 서찰.
17) 勞形(노형): 몸을 피곤하게 하다.
18) 南陽諸葛廬(남양제갈려): 하북성(河北省) 남양현(南陽縣)에 있는 제갈량의 초가집.
19) 西蜀子雲亭(서촉자운정): 촉(蜀)의 성도(成都)에 있던 한(漢)나

孔子云, "何陋之有?[20]"

劉禹錫(유우석, 772~842): 당대(唐代)의 문학가, 사상가. 자는 몽득(夢得)으로 팽성(彭城, 지금의 강소성(江蘇省) 동산현(銅山縣)) 사람이다. 덕종(德宗) 정원(貞元) 9년에 진사과(進士科)에 급제하여 감찰어사(監察御使)를 지냈다. 후에 왕숙문(王叔文)의 정치 개혁에 참여하였다가 실패한 후 연주자사(連州刺史)로 폄적되었다가 파주(播州), 기주(夔州), 화주(和州) 등지의 자사를 지냈다. 이후 주객낭중(主客郎中), 집현전학사(集賢殿學士), 소주자사(蘇州刺史), 태자빈객(太子賓客)을 지냈고, 무종(武宗) 때에는 검교예부상서(檢校禮部尙書)에까지 올랐다. 시사(詩詞)에 능했으며, 특히 만당(晩唐)에서 사(詞)가 발전하는 데에 선구적인 역할을 하였다. 문집으로 『유빈객집(劉賓客集)』 40권이 전한다.

누실(陋室)은 유우석이 자신의 서실을 겸손하게 이른 것으로, 이 작품의 주제는 서실의 외관적인 화려함이 중요한 것이 아니라, 비록 누추하고 보잘 것 없는 서실이라 할지라도 덕이 있는 사람이 그 곳에 거하면 우아한 정취를 드러낼 수 있다는 작가의 생각을 표현한 것이다. 명(銘)은 문체의 일종으로 평생의 공덕을 칭송하거나 스스로를 경계하는 글을 금석기물(金石器物)에 새긴 것에서 유래한 것이다.

라 양웅(揚雄)의 정자. 양웅의 자가 자운(子雲)이다.

20) 何陋之有(하루지유): 어찌 누추함이 있으리오? 덕 있는 군자가 살면 거처하는 곳이 아무리 누추해도 누추하지 않다는 뜻. 『논어(論語)』「자한(子罕)」: "子欲居九夷。" 或曰, "陋, 如之何?" 子曰: "君子居之, 何陋之有?"

[번체자·간체자 대조]

靈—灵　　階—阶　　簾—帘　　牘—牍

廬—庐

[고문상식]

* 고문과 현대 한어의 어순의 차이

고문과 현대 한어의 어순은 대체로 일치하지만, 약간의 차이가 있다. 그 차이는 아래 몇 가지로 나누어 볼 수 있다.

의문대명사가 목적어가 될 때에 종종 동사의 앞에 놓이게 된다.

⑴ 王曰, "縛者, **何爲**者也?"(佚名,「晏子使楚」)

왕이 말하기를 "결박한 자는 무슨 이유로 그렇게 된 것인가?"라고 하였다.

⑵ 吾**誰欺**? 欺天乎?(『論語』「子罕」)

내가 누구를 속였는가? 하늘을 속였는가?

⑶ **何以**戰?(左丘明,「曹劌論戰」)

무슨 이유로 전쟁을 하는가?

2. 부정문에서 대명사가 목적어가 되면 항상 동사 앞에 놓이게 된다.

⑴ 不學自知, 不問自曉, 古之行事, **未之有**也。(王充,『論衡』「實知」)

배우지 않고도 스스로 알고, 묻지 않고도 스스로 깨닫는 자는 고금을 훑어보아도 있은 적이 없다.

⑵ 子曰, "不患人之**不己知**, 患不知人也。"(『論語』「學而」)

선생님께서 말씀하셨다. "남이 나를 알아주지 않는 것을 근심하지 말고, 남을 알지 못하는 것을 근심하라."

3. 동량사는 사용 빈도가 매우 적어, 일반적으로 수사는 직접 동사의 앞에 놓인다.

⑴ 俄而與於期逐, **三易**馬而**三後**。(『韓非子』「喩老」)

(조나라 양주(襄主)가) 오래지 않아 왕오기와 경주를 하게 되었는데, 양주가 세 번이나 말을 바꾸었지만 세 번 다 뒤처졌다.

⑵ 齊人**三鼓**。(左丘明, 「曹劌論戰」)

제나라 사람이 세 번이나 북을 쳤다.

어떤 때는 동작의 수를 강조하기 위해 수사를 문장의 마지막에 놓고 '者'자를 사용해서 잠시 멈춤을 표시해 준다.

⑶ 范增數目項王, 擧所佩玉玦以示**者**三。(『史記』「項羽本紀」)

범증이 여러 차례 항왕에게 눈짓을 하며, 차고 있던 허리의 옥고리를 들어 유방을 죽이라고 암시한 것만 세 번에 이르렀다.

4. 부사어는 항상 동사의 뒤에 놓인다.

⑴ 莊子與惠子游**於濠梁之上**。(『莊子』「秋水」)

장자가 혜자와 함께 호수(濠水)에 있는 다리 위에서 노닐고 있었다.

⑵ 趙襄主學御於**王子期**。(『韓非子』「喩老」)

조나라 양주가 왕오기에게 수레 모는 방법을 배웠다.

⑶ 子墨子聞之, 起於**魯**。(『墨子』「公輸」)

묵자가 이를 듣고 노나라에서 출발하였다.

[연습문제]

1. 다음 문장을 해석하고 어순의 특징을 설명하시오.

⑴ 靑, 取之於藍而靑於藍。(『荀子』「勸學」)

⑵ 戰于長勺。(『左傳』莊公十年)

⑶ 於是平原君欲封魯仲連, 魯仲連辭讓者三。(『戰國策』趙策三)

⑷ 公孫盤九設攻城之機變, 子墨子九距之。(『墨子』「公輸」)

⑸ 吾有父老, 身死, 莫之養也。(『韓非子』「五蠹」)

17. 鄒忌[1)]諷[2)]齊王[3)]納諫

鄒忌修[4)]八尺有餘, 而形貌昳麗[5)]。朝[6)]服[7)]衣冠, 窺[8)]鏡, 謂其妻曰, "我孰與[9)]城北徐公美?" 其妻曰, "君美甚, 徐公何能及君也!" 城北徐公, 齊國之美麗者也。忌不自信, 而復問其妾曰, "吾孰與徐公美?" 妾曰, "徐公何能及君也!" 旦日[10)], 客從外來, 與坐談[11)], 問之客曰, "吾與徐公孰美?" 客曰, "徐公不若君之美也。" 明日, 徐公來, 孰[12)]視之, 自以爲不如, 窺鏡而自視, 又弗[13)]如遠甚。暮寢而思之, 曰, "吾妻之美

---

1) 鄒忌(추기): 전국 시기 제(齊)나라의 대부. 말재주가 있었다.
2) 諷(풍): 풍유하다. 비유·은어·고사 등을 사용해서 의견을 드러내는 것을 말한다.
3) 齊王(제왕): 제나라 위왕(威王). 춘추 말엽에 신흥 지주 계급인 전(田)씨 집단이 제나라의 정권이 탈취하였는데, 위왕 때에 이르러서 나라가 강성해져 전국칠웅의 하나가 되었다.
4) 修(수): '장(長)'의 의미로 여기서는 키를 가리킨다.
5) 昳麗(질려): 아름답다, 수려하다.
6) 朝(조): 아침.
7) 服(복): 여기서는 동사로 쓰여 '입다'의 의미이다.
8) 窺(규): 원래는 자그마한 틈이나 구멍으로 엿보는 것을 말하나, 여기서는 거울로 비춰보는 것을 가리킨다.
9) 孰與(숙여): 인물의 높고 낮음 및 일의 득실을 비교할 때 쓰이는 의문문의 형식이다.
10) 旦日(단일): 이튿날.
11) 與坐談(여좌담): '여(與)'자 다음에 대명사 '지(之)'가 생략된 구조이다.
12) 孰(숙): '숙(熟)'과 통하여 '자세히'의 의미이다.
13) 弗(불): 부정부사 '불(不)'과 같은 의미이다.

我[14]者，私我[15]也。妾之美我者，畏我也。客之美我者，欲有求於我也。”

於是入朝[16]見威王，曰，“臣誠[17]知不如徐公美。臣之妻私臣，臣之妾畏臣，臣之客欲有求於臣，皆以[18]美於徐公。今齊地方[19]千里，百二十城。宮婦左右莫不私王，朝廷之臣莫不畏王，四境之內莫不有求於王。由此觀之，王之蔽[20]甚矣。”

王曰：“善。”乃下令，“群臣吏民能面刺[21]寡人之過[22]者，受上賞，上書[23]諫寡人者，受中賞，能謗議[24]於市朝，聞寡人之耳者，受下賞。”令初下，群臣進諫，門庭若市。數月之後，時時而間進，期年[25]之後，雖欲言，無可進者。

燕、趙、韓、魏聞之，皆朝於齊。此所謂“戰勝於朝廷。”(『戰國策』「齊策」)

---

14) 美我(미아): 나를 잘생겼다고 여기다. '미(美)'는 형용사의 '의동용법(意動用法)'으로 사용되었다.
15) 私我(사아): 나를 편애하다.
16) 入朝(입조): 옛날에 대신이 왕을 배알하고 정사를 논의하는 것으로 '상조(上朝)'라고도 한다.
17) 誠(성): 부사로, '참으로, 확실히'의 의미이다.
18) 以(이): 동사로 '여기다, 생각하다.'의 의미이다.
19) 方(방): 사방
20) 蔽(폐); 가리다. 진실된 상황을 이해하지 못하다. 여기서는 수동의 형식으로 '가리어지다'의 의미로 사용되었다.
21) 面刺(면자): 면전에서 비판하다.
22) 過(과): 잘못.
23) 上書(상서): 글을 올려 임금에게 자기의 의견을 표현하는 것.
24) 謗議(방기): 비방하다.
25) 期年(기년): 한 돌이 되는 해.

[번체자·간체자 대조]

諷—讽　　麗—丽　　鏡—镜　　談—谈
賞—赏　　書—书　　進—进

[고문상식]

* '唯(維, 惟)'자의 용법

고문에서 '唯'자는 항상 문장의 맨 앞에서, 어기조사·부사·접속사로 사용된다.

1. 어기조사

(1) 발어사 역할을 할 때는 해석할 필요가 없다.

維天之於是也亦然。(韓愈, 「送孟東野書」)

자연의 계절에 있어서도 역시 그러하다.

(2) 상대방이 어떤 일을 하기를 바라는 것을 나타날 때는 '~를 바라다.' 또는 '~해 주세요.'로 해석할 수 있다.

唯大王與群臣熟計議之。(『史記』「廉頗藺相如列傳」)

대왕께서는 여러 신하들과 그것을 깊이 생각하여 주시기를 바랍니다.

事急矣! **唯**先生速圖!(馬中錫, 「中山狼傳」)

일이 급합니다! 선생께서는 속히 도모하여 주십시오.

(3) 판단을 나타내는 것을 도와줄 수 있다.

非知之艱, 行之**惟**艱。(『尙書』「說命」)

알기가 어려운 것이 아니라, 행하는 것이 오직 어려울 뿐이다.

時**維**九月, 序屬三秋。(王勃, 「滕王閣序」)

때는 9월 계절은 한가을이었다.

2. 부사로 사용될 때는 '단지, 다만'의 의미이다.

今數雄已滅, **惟**孤尙存。(『三國演義』 제44회)

이제 여러 영웅이 모두 사라지고 오직 나 한 사람만이 남아 있소.

'唯'자는 대답을 나타내기도 한다.

秦王跽而請曰: "先生何以幸敎寡人?" 范睢曰: "**唯**, **唯**。"(『史記』「范睢蔡澤列傳」)

진나라 왕이 무릎을 꿇고 요청하기를 "선생께서는 과인에게 어떤 가르침을 주시겠소?"라고 묻자, 범수가 "예, 예"라고만 말하였다.

3. 접속사로 사용될 때는 양보를 나타내어 "설령~할지라도"의 의미이다.

信再拜賀曰: "**唯**信亦以爲大王不如也。"(『史記』「淮陰侯列傳」)

한신이 두 번 절하고 치하하며 말하기를 "저도 또한 대왕께서 항왕만 못하시다고 생각됩니다."라고 하였다.

[연습문제]

1. 밑줄 친 부분의 의미에 주의해서 아래 문장을 번역해 보세요.

⑴ 鄒忌修八尺有餘。

⑵ 我孰與城北徐公美?

⑶ 皆以美於徐公。

⑷ 妻之美我者, 私我也。

⑸ 群臣吏民能面刺寡人之過者。

2. 본문의 내용을 참고해서 다음 문장을 해석해 보세요.

⑴ 偏聽生奸, 獨任成亂。

⑵ 兼聽則明, 偏信則暗。

⑶ 千人之諾諾, 不若一士之諤諤。

⑷ 聞過則喜

⑸ 門可羅雀

3. '唯, 維, 惟'의 용법에 주의해서 다음 문장을 해석해 보세요.

⑴ 毛遂按劍而前曰: "合從者爲楚, 非爲趙也。吾君在前, 叱者何也!" 楚王曰: "唯唯, 誠若先生之言。"(『史記』「平原君虞卿列傳」)

⑵ 維子之故, 使我不能餐兮。(『詩經』「鄭風·狡童」)

⑶ 不聞機杼聲, 唯聞女歎息。(「木蘭詩」)

18. 孟子選讀

「君子三樂」

孟子曰, 君子有三樂, 而王天下[1)]不與存焉[2)]。父母俱存, 兄弟無故, 一樂也。仰不愧[3)]於天, 俯不怍[4)]於人, 二樂也。得天下英才而教育之, 三樂也。君子有三樂, 而王天下不與存焉。(「盡心上」)

「王顧左右而言他」

孟子謂齊宣王曰[5)]: "王之臣有託[6)]其妻子於其友而之[7)]楚遊[8)]者。比[9)]其反[10)]也, 則凍餒[11)]其妻子, 則如之何?" 王曰: "棄[12)]之。" 曰: "士師[13)]不能治士, 則如之何?" 曰: "已[14)]

---

1) 王天下(왕천하): 천하의 왕노릇하다.
2) 不與存焉(불여존언): 그곳에 함께 하지 않는다. 즉, 삼락(三樂) 속에 들어있지 않다.
3) 仰不愧(앙불괴): 우러러보아 부끄러움이 없다.
4) 俯不怍(부부작): 굽어보아 부끄러움이 없다.
5) 謂(위)……曰(왈): ……에게 말하다. 齊宣王(제선왕): 전국 시기 제나라의 군주.
6) 託(탁): 맡기다, 부탁하다.
7) 之(지): 동사로 '가다'의 뜻.
8) 遊(유): 여행 가다.
9) 比(비): ……했을 때에 이르러.
10) 反(반): '반(返)'과 통하여 '돌아오다'의 뜻.
11) 凍餒(동뇌): 사역형으로 '춥고 굶주리게 만들다.'의 뜻이다.
12) 棄(기): 버리다. 여기서는 '절교하다'의 뜻으로 쓰였다.
13) 士師(사사): 법을 집행하는 관리.
14) 已(이): 동사로 '그만두게 하다'의 뜻이다.

之。”曰:“四境[15]之內不治, 則如之何?” 王顧[16]左右而言他。(『孟子』「梁惠王下」)

「魚, 我所欲也」

孟子曰:“魚, 我所欲[17]也; 熊掌[18], 亦我所欲也。二者不可得兼[19], 舍[20]魚而取熊掌者也。生, 亦我所欲也, 義, 亦我所欲也, 二者不可得兼, 舍生而取義者也。生亦我所欲, 所欲有甚於生者, 故不爲苟[21]得也。死亦我所惡[22], 所惡有甚於死者, 故患[23]有所不辟[24]也。如使[25]人之所欲莫甚於生, 則凡可以得生者, 何不用也? 使人之所惡莫甚於死者, 則凡可以辟患者, 何不爲也? 由是則生, 而有不用也, 由是則可以辟患, 而有不爲也。是故所欲有甚於生者, 所惡有甚於死者。非獨賢者有是心也, 人皆有之, 賢者能勿[26]喪耳[27]。”(『孟子』「告子上」)

---

15) 四境(사경): 동서남북 사방의 경계. 천하 또는 세계.
16) 顧(고): 고개를 돌려 보다. 돌아보다.
17) 欲(욕): 동사로, '원하다, 바라다'의 뜻이다.
18) 熊掌(웅장): 곰의 발바닥으로, 옛날에 귀한 식품이었다.
19) 得兼(겸득): 동시에 얻다.
20) 舍(사): 동사로 '사(捨, 버리다)'의 통가자(通假字)이다.
21) 苟(구): 구차히.
22) 惡(오): 싫어하다.
23) 患(환): 환란, 재난.
24) 所不辟(소불피): '피(辟)'는 '피(避)'와 통하여 '소불피(所不辟)'는 '피하지 않는 것'이라는 뜻이다.
25) 如使(여사): 만약.
26) 勿(물): '불(不)'의 의미로 쓰였다.
27) 耳(이): 어기사로, '~할 따름이다.'의 뜻이다.

맹자(孟子, 약 B.C.372~약 B.C.289): 이름은 가(軻), 자는 자여(子輿)로 추(鄒, 지금의 산동성(山東省) 추현(鄒縣) 동남쪽) 사람이다. 전국시기 사상가, 정치가, 교육가로 공자의 뒤를 이은 유가의 대표적인 인물이다. 『맹자(孟子)』는 맹자의 언행을 기록한 책으로, 7편으로 구성되어 있으며 각 편은 상·하편으로 나뉘어져 있다.

[번체자·간체자 대조]

顧—顾　凍—冻　棄—弃　託—托
義—义　喪—丧　魚—鱼

[고문상식]

* '是'자의 용법

한나라 이전에는 '是'자가 판단을 나타내지 않고 주로 지시대명사나 조사로 사용되었다.

1. 지시대명사로 사용될 때는 현대 한어 '這, 這個, 這樣'처럼 가까운 것을 가리킨다.

⑴ 淫侈之俗日日以長, **是**天下之大賊也。(賈誼,「論積貯疏」)

분에 넘치고 사치스러운 풍속이 나날이 자라나고 있으니, 이것은 천하의 대적(大賊)입니다.

⑵ 吾祖死於**是**, 吾父死於**是**。(柳宗元,「捕蛇者說」)

나의 할아버지가 이것(뱀)에게 죽었고, 나의 아버지도 이것에게 죽었습니다.

(3) **是**故弟子不必不如師。(韓愈,「師說」)

이런 까닭으로 제자가 반드시 스승만 못한 것이 아니다.

2. 조사로 사용될 때는 주로 동사인 서술에 앞에 놓여 목적어가 도치된 것을 나타내 준다.

(1) 將虢**是**滅, 何愛於虞?(『左傳』僖公五年)

괵나라를 멸망시키려 하는데, 우리 우나라를 아낄 리가 있겠습니까?

3. 한나라부터 '是'자가 서술어로 사용되어 판단을 나타내 주었다.

(1) 余**是**所嫁婦人父也。(王充,『論衡』「死僞」)

나는 시집간 여자의 아버지이다.

(2) 問今**是**何世, 乃不知有漢, 無論魏晉。(陶淵明,「桃花源記」)

지금이 어느 세상이냐고 묻는데, 한나라가 있었던 것도 알지 못하니 위진은 말할 것도 없었다.

[연습문제]

1. 다음 문장 중의 '之'의 용법을 설명하시오.

(1) 四境之內

(2) 託其妻子於其友而之楚遊

(3) 棄之

(4) 觀百獸之見我而敢不走乎

2. 다음 문장을 해석하고 '是'의 용법을 말해 보시오.

(1) 曰: "無傷也, 是乃仁術也, 見牛未見羊也。"(『孟子』「梁惠王上」)

(2) 古者天下散亂, 莫之能一, 是以諸侯幷作。(『史記』「秦始皇本紀」)

(3) 是鳥也, 海運則將徙於南冥。(『莊子』「逍遙遊」)

19. 論語選讀

子[1)]曰: “學而時[2)]習之, 不亦說乎[3)]? 有朋[4)]自遠方來, 不亦樂乎? 人不知而不慍[5)], 不亦君子[6)]乎?”(「學而」)

子曰: “不患人之不己知[7)], 患不知人也。”(「學而」)

曾子[8)]曰: “吾日[9)]三省[10)]吾身: 爲人謀[11)]而不忠乎? 與朋友交而不信乎? 傳[12)]不習乎?(「學而」)

子曰: “君子食無[13)]求飽, 居無求安[14)], 敏於事而愼於言, 就[15)]

---

1) 子(자): 남자에 대한 존칭. 『논어(論語)』에서는 공자를 가리킨다.
2) 時(시): 항상, 늘.
3) 不亦說乎(불역열호): ‘不亦……乎’는 현대 한어 ‘不是……嗎?’와 같은 의미로 반어문이다. ‘열(說)’은 ‘열(悅)’과 같은 뜻으로 ‘기쁘다’는 의미이다.
4) 朋(붕): 당시에는 붕(朋)과 우(友)의 구별이 있었는데, 같은 스승에게서 배운 동문은 붕(朋)이라 하였고, 뜻을 같이하는 친구를 우(友)라고 하였다.
5) 慍(온): 성내다, 화내다.
6) 君子(군자): 학식과 도덕이 높은 이상적인 인격체.
7) 己知(기지): ‘지기(知己)’에서 목적어가 도치된 것으로, ‘자기를 알아주다’의 뜻이다.
8) 曾子(증자): 공자의 제자로 이름은 삼(參)이고, 자가 자여(子輿)이다.
9) 日(일): 날마다.
10) 省(성): 반성하다. 자신의 생각이나 행동을 반성한다는 것이다.
11) 謀(모): 꾀하다, 도모하다.
12) 傳(전): 선생님으로부터 전수받은 지식.
13) 無(무): ‘무(毋)’와 통하여 ‘~하지 말라’는 뜻이다.
14) 安(안): 편안하다.
15) 就(취): 동사로, ‘나아가다’의 뜻이다.

有道而正[16)]焉, 可謂好學也已[17)]。(「學而」)

子曰: "詩三百[18)], 一言[19)]以蔽[20)]之, 曰'思無邪'"(「爲政」)

子曰: "溫[21)]故而知新, 可以爲師矣。"(「爲政」)

子曰: "學而不思則[22)]罔[23)], 思而不學則殆[24)]。"(「爲政」)

子曰: "由[25)], 誨[26)]女[27)]知之乎[28)]! 知之爲知之, 不知爲不知, 是[29)]知也[30)]。"(「爲政」)

子曰: "參[31)]乎! 吾道一以貫之。" 曾子曰: "唯[32)]!" 子出, 門人問曰: "何謂也?" 曾子曰: "夫子之道, 忠恕而已

---

16) 正(정): 동사로. '바로잡다, 교정하다.'의 뜻이다.
17) 已(이): 어조사로 '의(矣)'와 같은 뜻이다.
18) 詩三百(시삼백): 오늘날의 『시경(詩經)』을 가리키는 것으로 수록된 시가 모두 305편이었기 때문에 어림수로 이렇게 부른 것이다.
19) 一言(일언): 한 마디 말.
20) 蔽(폐): 개괄하다.
21) 溫(온): 익히다.
22) 則(즉): 접속사로 '취(就)'와 같이 조건과 결과의 관계를 나타내 준다. 곧, 즉.
23) 罔(망): 수확이 없다.
24) 殆(태): 의혹이 일다.
25) 由(유): 공자의 제자로, 성은 중(仲)이고 이름은 유(由), 자는 자로(子路)이다.
26) 誨(회): 가르치다.
27) 女(여): '여(汝)'와 통하여 2인칭 대명사이다.
28) 乎(호): 여기서는 권면의 어감을 가지고 있는 어기사로 쓰였다.
29) 是(시): 지시 대명사로 이 구의 주어이다.
30) 也(야): 판단을 나타내는 어기사이다.
31) 參(삼): 공자의 제자 증삼(曾參)이다.
32) 唯(유): 대답하는 말로, '네, 그렇습니다.'의 뜻이다.

矣[33]。”(「里仁」)

子貢[34]曰: “孔文子[35]何以[36]謂之[37]‘文’也?” 子曰: “敏[38]而好學[39], 不恥[40]下問[41], 是以謂之‘文’也。”(「公冶長」)

宰予[42]晝寢[43]。子曰: “朽木[44]不可雕[45]也; 糞土之墻不可杇[46]也。於予與[47]何誅[48]!” 子曰: ‘始吾於人也, 聽其言而信其行, 今吾於人也, 聽其言而觀其行。於予與改是。(「公冶長」)

---

33) 而已矣(이이의): 어기사로 연용한 것으로 ‘~할 따름이다.’의 뜻이다.

34) 子貢(자공): 공자의 제자로 성은 단목(端木), 이름은 사(賜), 자는 자공(子貢)이다.

35) 孔文子(공문자): 위(衛)나라의 대부로 이름은 어(圉)이다. ‘문(文)’은 그의 시호이다.

36) 何以(하이): ‘이하(以何)’로 ‘왜, 어찌하여’의 뜻이다. 고문에서 의문대명사가 전치사의 목적어로 쓰일 때, 어순이 도치된다.

37) 之(지): 대명사로 공문자(孔文子)를 가리킨다.

38) 敏(민): 문제를 이해하는 것이 빠르다.

39) 好學(호학): ‘호(好)’가 타동사로 쓰여 ‘배우기를 좋아하다’의 뜻이다.

40) 不恥(불치): ‘치(恥)’가 동사처럼 쓰여서 ‘부끄럽다고 여기지 않는다’의 뜻이다.

41) 下問(하문): 학식이나 지위가 자신보다 낮은 사람에게 가르침을 청하다.

42) 宰予(재여): 공자의 제자로, 성은 재(宰), 이름은 여(予), 자는 자아(子我)이다.

43) 晝寢(주침): 낮잠을 자다.

44) 朽木(후목): 썩은 나무.

45) 雕(조): 조각하다.

46) 杇(오): ‘오(汚)’와 통하여 ‘흙손질하다’의 뜻이다.

47) 與(여): 어기사로 의미가 없다.

48) 何誅(하주): ‘주(誅)’는 꾸짖다, 책망하다. ‘하(何)’는 의문대명사로, 의문대명사가 목적어로 쓰일 때는 도치되어 동사 앞에 온다.

孔子(공자, B.C.551~B.C.479): 이름은 구(丘), 자는 중니(仲尼)로 춘추(春秋) 시대 노(魯)나라 사람으로, 춘추 말엽의 사상가, 정치가 교육가이자 유가(儒家) 사상의 창시자이다. 『논어』는 공자의 제자들이 편찬한 책으로 공자의 이야기, 제자와의 문답, 제자들의 이야기가 들어 있다. 모두 20편으로 되어있으며, 유가의 정치, 교육, 문화 등이 담겨져 있다.

[번체자·간체자 대조]

論—论	習—习	師—师	時—时
擇—择	晝—昼	來—来	詩—诗

[고문상식]

* '何'자의 용법

고문에서 '何'자는 사용 빈도수가 매우 높은데, 용법이 좀 복잡하다. 주로 의문 대명사로 문장에서 주어, 목적어로 사용되며, 또는 서술문이나 판단문에서 술어가 되기도 한다.

1. 동사 혹은 전치사의 목적어가 될 때는 그 글자의 앞에 놓인다.

⑴ 於予與**何**誅? (『論語』「公冶長」)

재여 너에게 무슨 꾸지람을 하겠는가?

⑵ 旣富矣, 又**何**加焉?(『論語』「子路」)

이미 부유하게 되었다면 또한 무엇을 더하시겠습니까?

⑶ 子歸, **何**以報我?(『左傳』成公三年)

그대가 돌아간다면 무엇으로 나에게 보답하겠는가?

2. 명사 혹은 명사성 구 앞에 쓰여 '무슨, 어떤'의 의미를 나타내기도 한다.

⑴ 以此攻城, **何**城不破?(『左傳』僖公四年)

이것으로 성을 공격하면 어떤 성인들 무너지지 않겠는가?

⑵ 不知天上宮闕, 今夕是**何**年?(蘇軾,「水調歌頭」)

하늘 궁전에서 모르리, 오늘 밤이 무슨 해인지를.

3. 주어가 되면 일반적으로 사물을 대신하고 사람을 대신하는 경우는 매우 적다. 이 용법은 비교적 드물게 사용된다.

⑴ **何**爲雨工, 曰, "雷霆之類也。"(李朝威「柳毅傳」)

우공(雨工)이 무엇인가? "천둥이나 벼락같은 것이다."

4. 술어가 되면 이치를 묻는 경우에 사용된다.

所以然者**何**? 水土異也。(『晏子春秋』「內篇雜下」)

그렇게 된 까닭이 무엇인가? 물과 흙이 달라서이다.

5. 술어 동사 앞에 사용되면 부사어가 되어 그 원인을 묻는다.

(1) 夫子**何**哂由也?(『論語』「先進」)

선생님께서는 어찌하여 자로를 비웃었습니까?

(2) 巫嫗**何**久也?(『史記』「滑稽列傳」)

무당 할멈이 왜 이렇게 꾸물거릴까?

[연습문제]

1. 배운 단어를 이용해서 아래의 성어를 해석하시오.

(1) 患得患失

(2) 溫故知新

(3) 學而不厭

(4) 誨人不倦

(5) 擇善而從

2. 위에서 배운 문장을 암기하시오.

3. '何'의 용법에 주의해서 아래 문장을 번역해 보세요.

(1) 權知其意執肅手曰, "卿欲何言?"(『三國志』「吳書九」周瑜魯肅呂蒙傳)

(2) 軫不之楚, 何歸乎?(『史記』「張儀列傳」)

(3) 君美甚, 徐公何能及君也?(「鄒忌諷齊王納諫」)

(4) 齊人未嘗賂秦, 終繼五國殲滅, 何哉?(蘇洵, 「六國論」)

20. 愚公移山

太行[1]、王屋[2]二山，方[3]七百里，高萬仞[4]，本在冀州[5]之南，河陽[6]之北。北山愚公[7]者，年且[8]九十，面[9]山而居。懲[10]北山之塞，出入之迂[11]也，聚室而謀[12]曰："吾與汝畢力[13]平

---

1) 太行(태항): 산이름. 지금의 산서성(山西省)과 하북성(河北省)의 경계에 있다.
2) 王屋(왕옥): 산이름. 지금의 산서성(山西省) 원곡현(垣曲縣)과 하남성(河南省) 제원현(濟源縣) 사이에 있다.
3) 方(방): 면적.
4) 仞(인): 고대의 높이나 길이를 나타내는 단위. 대략 지금의 7, 8척에 해당한다.
5) 冀州(기주): 고대의 구주(九州)의 하나. 지금의 하북(河北)·산서성(山西省)과 하남성(河南省) 황하 이북·요녕성(遼寧省) 요하(遼河) 서쪽 일대를 포함한다.
6) 河陽(하양): 지금의 하남성(河南省) 맹현(孟縣) 일대 지역 또는 넓게 황하 북쪽 기슭을 가리킨다.
7) 愚公(우공): 허구의 인물.
8) 且(차): 부사. 거의~에 가깝다.
9) 面(면): 동사로 쓰여 '마주 대하고', '~를 향하다'의 의미로 쓰였다.
10) 懲(징): ~의 고통을 받다.
11) 迂(우): 돌아가다, 우회하다.
12) 聚室而謀(취실이모): 가족을 모아놓고 상의하다.
13) 畢力(필력): 전력을 다하다.

險[14], 指通[15]豫南[16], 達於漢陰[17], 可乎?" 雜然相許[18]。其妻獻疑[19]曰: "以君之力, 曾不能[20]損魁父[21]之丘, 如太行、王屋何[22]? 且焉[23]置土石?" 雜曰: "投諸[24]渤海之尾, 隱土[25]之北。" 遂率子孫荷擔者三夫[26], 叩石墾壤[27], 箕畚[28]運於渤海之尾。隣人京城氏[29]之孀妻[30]有遺男[31], 始齔[32], 躍往助之。

---

14) 平險(평험): 험준한 것을 평평하게 하다.
15) 指通(지통): 곧장 통하게 하다.
16) 豫南(예남): 하남(河南)의 남쪽. 예주(豫州)는 옛날 9주의 하나로, 지금의 하남성(河南省) 일대의 지역이다.
17) 漢陰(한음): 하수(河水)의 남쪽. 산의 남쪽을 양(陽)이라 하고, 물의 남쪽을 음(陰)이라 한다.
18) 雜然相許(잡연상허): 이구동성으로 찬성하다. 다투어 찬성하다.
19) 獻疑(헌의): 의문을 제기하다.
20) 曾不能(증불능): ~라 할지라도 ~할 수 없다.
21) 魁父(괴부): 작은 토산의 이름. 지금의 하남성(河南省) 진류현(陳留縣) 경계를 말한다.
22) 如(여)……何(하): ……를 어떻게 하겠는가?
23) 焉(언): 장소를 나타내는 의문대명사.
24) 諸(저): '지어(之於)'의 합성자로 '그것을 ~에'의 뜻.
25) 隱土(은토): 고대 전설 속에 나오는 지명.
26) 夫(부): 성인 남자의 통칭.
27) 叩石墾壤(고석간양): 돌을 캐고 흙을 파다.
28) 箕畚(기분): 키와 삼태기. 흙을 퍼서 나르는 기구. 여기서는 동사로 쓰였다.
29) 京城氏(경성씨): 성이 경성(京城)인 사람.
30) 孀妻(상처): 과부.
31) 遺男(유남): 고아 또는 유복자.
32) 齔(츤): 젖니를 갈다. 7~8세 정도의 어린아이를 가리킨다.

寒暑易節[33), 始一反[34)焉[35)。

河曲[36)智叟[37)笑而止之曰: "甚矣, 汝之不惠[38)! 以殘年[39)餘力, 曾不能毁山之一毛; 其[40)如土石何?" 北山愚公長息曰: "汝心之固[41), 固[42)不可徹; 曾不若孀妻弱子。雖我之死, 有子存焉。子又生孫, 孫又生子, 子又有子, 子又有孫; 子子孫孫, 無窮匱[43)也, 而山不加增, 何苦而不平?" 河曲智叟亡[44)以應[45)。

操蛇之神[46)聞之, 懼其不已[47)也, 告之於帝[48)。帝感其誠[49),

---

33) 寒暑易節(한서역절): 겨울과 여름의 계절이 바뀌다. 1년이 됨을 의미한다.
34) 反(반): '반(返)'과 통하여 '돌아오다'의 뜻이다.
35) 焉(언): 어기사.
36) 河曲(하곡); 지명.
37) 智叟(지수): 지혜로운 노인.
38) 惠(혜): '혜(慧)'와 통하여 '슬기롭다, 지혜롭다'의 뜻이다.
39) 殘年(잔년): 남은 세월, 남은 나이.
40) 其(기): '여(如)……하(何)' 앞에 쓰여 반어의 어감을 강조해 준다.
41) 固(고): 완고하다, 고루하다.
42) 固(고): 본래, 원래, 진실로.
43) 窮匱(궁궤): 다하다, 끝나다.
44) 亡(망): '무(無)'의 뜻이다.
45) 應(응): 대답하다.
46) 操蛇之神(조사지신): 신화 속에서 산을 관장하는 신. 뱀을 쥐고 있는 기록이『산해경(山海經)』에 보인다.
47) 懼其不已(구기불이): 그 일을 그치지 않을까 두려워하다.
48) 帝(제): 천제(天帝). 하느님.
49) 感其誠(감기성): 그의 정성에 감동하다.

命夸娥氏[50]二子負二山，一厝[51]朔東[52]，一厝雍南[53]。自此，冀之南，漢之陰，無隴斷[54]焉。(『列子』「湯問」)

[번체자·간체자 대조]

陰—阴　畢—毕　達—达　雜—杂　節—节
漢—汉　負—负　險—险　斷—断

[고문상식]

* 의미의 변화

한어의 의미는 여러 가지 요인에 의해 옛날부터 지금까지 끊임없이 변화하여 왔다. 의미의 범위에서 보면 의미가 확대된 것도 있고 축소된 것도 있으며 전이된 것도 있다. 또 감정 색채 면에서 포폄(褒貶)의 의미가 변한 것도 있다. 정도 면에서는 경중이 변한 것도 있다.

50) 夸娥氏(과아씨): 신화 속에서 힘이 센 신.
51) 厝(조): '조(措)'와 통하여 '두다, 놓다'의 뜻이다.
52) 朔東(삭동): 삭주(朔州)의 동부. 삭주는 지금의 산서성(山西省) 북부 일대이다.
53) 雍南(옹남): 옹주(雍州)의 남부이며, 옹주는 9주 중의 하나로 지금의 섬서성(陝西省) 북부, 감숙성(甘肅省) 서북부를 지칭한다.
54) 隴斷(롱단): 땅이 높이 솟아있는 곳.

1. 의미 범위의 확대

將軍戰河南, 臣戰**河**北。(『史記』「項羽本紀」)

장군이 황하 남쪽에서 싸우시면, 신은 황하 북쪽에서 싸우겠습니다.

'하(河)'는 황하를 가리키는 고유명사였는데, 후에 모든 강을 가리키는 일반 명사가 되었다.

公子行數里, 心不**快**。(『史記』「魏公子列傳」)

공자는 몇 리는 가는 동안 마음이 불쾌하였다.

'쾌(快)'는 옛날에는 유쾌하다는 의미밖에 없었는데, 후에 "예리하다", "빠르다"의 의미가 추가되었다.

2. 의미 범위의 축소

若無興德之言, 則責攸之, 禕, 允等之**慢**。(諸葛亮, 「出師表」)

만약 덕을 일으키는 말이 없다면 곽유지, 비유, 동윤 등의 게으름을 책망하십시오.

'만(慢)'은 옛날에는 '게으르다', '느리다' 두 개의 의미가 있었는데, 지금의 구어에서는 '게으르다'의 의미로는 사용되지 않고 서면어 속에만 남아있게 되었다.

3. 의미의 전이

今有千金之玉巵而無當, 可以盛水乎?(『韓非子』「外儲說右上」)

지금 천금의 값이 나가는 옥술잔이 있다 해도 밑바닥이 없다면 물을 담을 수 있겠습니까?

'당(當)'은 옛날에는 밑바닥을 가리키는 것이었는데, 지금의 '합당하다, 적당하다'와 같은 의미가 파생되어 나왔다. 후에 원래의 의미는 없어져버리고 지금의 파생 의미가 원래의 의미를 대신하게 되었다.

4. 감정 색채 변화

謗議於市朝, 聞寡人之耳者, 受下賞。(『戰國策』「齊策一」)

저잣거리와 조정에서 (나의 잘못을) 비방하는 말을 퍼뜨려 과인의 귀에 들리게 하는 자에게는 하등의 상을 줄 것이다.

'방(謗)'은 옛날에는 단지 어떤 사람의 잘못을 논의하는 것일 뿐 악의는 없었다. 그러나 후대에 비방하는 의미로 변하여 중립적 의미에서 폄훼의 의미로 변하였다.

5. 정도 변화

於予與, 何誅?(『論語』「公冶長」)

재여 너에게 무슨 꾸지람을 하겠는가?

‘주(誅)’의 본의는 말로 책망하거나 꾸짖는 것이었다. 후대에는 징벌의 의미가 더하여졌고, 또 죽인다는 의미도 추가되어 정도가 더욱 심하여졌다.

[연습문제]

1. 다음 문장을 해석하고 밑줄 친 글자의 의미를 말해 보시오.

⑴ 徼山北之塞, 出入之迂也。

⑵ 投諸渤海之尾。

⑶ 遂率子孫荷擔者三夫。

⑷ 隣人京城氏之孀妻有遺男, 始齔。

2. 다음 문장을 해석하시오.

⑴ 大寇則至, 使之持危城, 則必畔。(『荀子』「議兵」)

⑵ 北方有白雁, 似雁而小, 色白, 秋深則來。(沈括, 『夢溪筆談』)

⑶ 實欲言十則言百, 百則言千矣。(王充, 『論衡』「儒增」)

⑷ 是故財聚則民散, 財散則民聚。(『禮記』「大學」)

제4부 고전 명작 독해

1. 大學

大學[1)]之道, 在明明德[2)], 在親[3)]民, 在止於至善[4)]。知止[5)]而后[6)]有定[7)], 定而后能靜[8)], 靜而后能安[9)], 安而后能慮[10)], 慮而后能得[11)]。物有本末[12)], 事有終始[13)], 知所先後, 則近道[14)]矣。

1) 大學(대학): 주자(朱子)는 대인지학(大人之學)이라 하였는데, 대인이란 군자를 의미하는 것이다. 즉 小學에 대비되는 개념으로 개인의 학문을 풍부하게 할 뿐만 아니라, 이를 정치에까지 적용하여 유가의 이상적인 사회를 건설하는 데에 이바지할 수 있는 것이 대학이다.

2) 明明德(명명덕): 첫 번째 명(明)자는 동사, 두 번째 명(明)자는 형용사로 밝은 덕을 밝히다. 명덕(明德)에 대해 주자는 사람이 하늘로부터 타고난 본체의 밝음이라 하였다.

3) 親(친): 정이(程頤)는 신(新)자로 봐야 한다고 주장하였고, 주자도 이를 따랐다. 반면 왕양명(王陽明)은 친(親)자를 그대로 해석하여 백성을 친애하는 것으로 해석하였다.

4) 至善(지선): 최고의 선.

5) 止(지): 명사로 쓰여서 머무를 곳이란 의미이다.

6) 后(후): 후(後)와 같은 글자이다.

7) 定(정): 마음이 정해지다.

8) 靜(정): 마음이 동요되지 아니하다.

9) 安(안): 마음 편히 존재하다.

10) 慮(려): 일을 처리하는 데에 올바른 판단과 인식을 하는 것이다.

11) 得(득): 그 머무는 곳을 얻는 것이다. 곧 지선(至善)에 머물게 됨을 말하는 것이다.

12) 本末(본말): 근본과 말단으로, 명덕(明德)이 본(本)이 되고, 친민(親民)이 말(末)이 된다.

13) 終始(종시): 끝과 시작으로 능득(能得)이 종(終)이 되고, 지지(知止)가 시(始)가 된다.

14) 近道(근도): 대학의 도에 가깝다.

古之欲明明德於天下者, 先治其國[15)]。欲治其國者, 先齊[16)]其家[17)]。欲齊其家者, 先修其身。欲修其身者, 先正其心[18)]。欲正其心者, 先誠其意[19)]。欲誠其意者, 先致其知[20)], 致知在格物[21)]。物格而后知至, 知至而后意誠, 意誠而后心正, 心正而后身修, 身修而后家齊, 家齊而后國治, 國治而后天下平。

自天子以至於庶人[22)], 壹是[23)]皆以修身爲本。其本[24)]亂, 而末[25)]治者否[26)]矣。其所厚者[27)]薄, 而其所薄者厚, 未之有也。(經)

『대학(大學)』: 『논어(論語)』·『맹자(孟子)』·『중용(中庸)』과 함께 사서(四書)의 하나이다. 『대학』은 본래 『중용』과 더불어서 『예기(禮

15) 國(국): 천하(天下)는 지금의 중국이라는 국가 개념에 가까운 말이며, 여기서의 국(國)은 주로 제후국을 뜻한다.
16) 齊(제): 가지런히 하다, 다스리다.
17) 家(가): 가정으로 보는 견해도 있고, 대부의 가읍(家邑)으로 보는 견해도 있다.
18) 正其心(정기심): 그 마음을 바르게 하다. 희노애락의 표현이 합당해야 함을 말한다.
19) 誠其意(성기의): 온 마음과 뜻을 모아 진실되게 하는 것이다.
20) 致其知(치기지): 그 앎에 이르다.
21) 格物(격물): 사물의 이치를 궁구하다.
22) 庶人(서인): 벼슬이 없는 보통의 평민.
23) 壹是(일시): 일체(一切)의 뜻으로 '하나같이'의 의미이다.
24) 本(본): 수신(修身)을 말한다.
25) 末(말): 제가(齊家), 치국(治國), 평천하(平天下)를 말한다.
26) 否(부): 무(無)의 뜻이다.
27) 其所厚者(기소후자): 그가 두터이 해야 하는 것.

記)』 중에 한 편(42편)이었던 것으로 장절(章節)의 구분이 없었다. 그러다가 송(宋)나라의 주희(朱熹)가 『사서장구(四書章句)』를 편찬하면서 정이(程頤)의 견해에 따라 경(經) 1장(章), 전(傳) 10장으로 나누었다. 그러면서 주희는 경은 공자(孔子)의 말한 것을 증자(曾子)가 기술한 것이고, 전은 증자의 풀이를 그 제자들이 기록한 것이라고 하였다. 주된 내용은 삼강령(三綱領) 팔조목(八條目)으로 대표되는 유가의 윤리·정치의 이념을 기록 설명하였다.

2. 孟子-王無罪歲章

梁惠王[1]曰, "寡人之於國也, 盡心焉耳矣[2]。河內[3]凶[4], 則移其民於河東[5], 移其粟於河內。河東凶亦然。察鄰國之政, 無如寡人之用心者。鄰國之民不加少, 寡人之民不加多, 何也?"

孟子對曰, "王好戰, 請以戰喩。塡然[6]鼓[7]之, 兵刃旣接[8], 棄甲[9]曳兵[10]而走, 或百步而後止, 或五十步而後止。以五十步笑百步, 則何如?"

---

1) 梁惠王(양혜왕): 전국시기(戰國時代) 위(魏)나라의 혜왕(惠王, 제위B.C.370~B.C.318)으로, 이름이 앵(罃)이고 시호(諡號)가 혜(惠)이다. 도읍을 대량(大梁지금의 河南省 開封縣)으로 옮기고 왕으로 참칭하여 양혜왕이라 불린다. 맹자가 양혜왕을 만난 것은 주(周)나라 신정왕(愼靚王) 원년(B.C.320)이다.

2) 耳矣(이의): 이의(已矣)와 같은 의미로 문장 끝에 사용되는 어기사이다.

3) 河內(하내): 황하의 北岸으로, 오늘날의 하남성(河南省) 심양현(沁陽縣) 일대를 가리킨다.

4) 凶(흉): 흉년.

5) 河東(하동): 황하의 동쪽으로, 지금의 산서성(山西省) 서남부이다.

6) 塡然(전연): 전(塡)은 의성어로 북소리를 나타낸다. 연(然)은 접미사로 의미가 없다.

7) 鼓(고): 여기서는 동사로 북을 친다는 뜻이다. 북을 치는 것은 진군의 신호이다.

8) 兵刃旣接(병인기접): '인(刃)'은 칼날, '기(旣)'는 이미, '접(接)'은 접촉하다의 뜻으로, '병인기접(兵刃旣接)'은 이미 교전을 시작했다는 의미이다.

9) 棄甲(기갑): 갑옷을 벗어 내버리다. 가볍게 도망가기 위해서이다.

10) 曳兵(예병): 무기를 끌다. 도망가는 모양이다.

曰, "不可, 直[11]不百步耳! 是亦走也。"

曰, "王如知此, 則無望民之多於鄰國也。不違農時[12], 穀不可勝食也。數罟[13]不入洿池[14], 魚鼈不可勝食也。斧斤[15]以時[16]入山林, 材木不可勝用也。穀與魚鼈不可勝食, 材木不可勝用, 是使民養生[17]喪死[18]無憾也。養生喪死無憾, 王道之始也。五畝之宅[19], 樹[20]之以桑, 五十者可以衣帛矣。雞豚狗彘[21]之畜[22], 無失其時[23], 七十者可以食肉矣。百畝之

---

11) 直(직): 단지, 다만, ~에 지나지 않다.

12) 不違農時(불위농시): 농사짓는 데에 힘쓸 철에 농민의 노동력을 빼앗지 않는다.

13) 數罟(촉고): 빽빽한 그물.

14) 洿池(오지): 웅덩이와 연못.

15) 斧斤(부근): 도끼.

16) 以時(이시): 제때에. 초목이 쇠하여 떨어져 생장을 멈추었을 때.

17) 養生(양생): 살아있는 사람을 부양하는 것.

18) 喪死(상사): 죽은 사람을 장사지내는 것.

19) 五畝之宅(오묘지택): 한 사람의 농부가 받는 택지. 5묘의 땅을 2등분하여 받아 밭에는 곡식만을 심고, 읍중(邑中)의 택지(宅地)에는 집을 짓고 잠사에 필요한 뽕나무 등 여러 가지를 심었다고 함(二畝半在田, 二畝半在邑).

20) 樹(수): 심다.

21) 雞豚狗彘(계돈구체): 닭, 새끼돼지, 식용견, 큰돼지

22) 畜(축): 가축.

23) 無失其時(무실기시): 그 알맞은 때를 잃지 않다. '시(時)'는 모든 가축들이 부화되고 번식하는 시기를 말한다.

田[24]，勿奪其時[25]，數口之家可以無飢矣。謹[26]庠序[27]之敎，申之以孝悌之養，頒白者[28]不負戴[29]於道路矣。七十者衣帛食肉，黎民[30]不飢不寒，然而不王者未之有也。” 狗彘食人食[31]而不知檢[32]，塗有餓莩[33]而不知發[34]，人死，則曰，‘非我也，歲也。’ 是何異於刺人[35]而殺之，曰，‘非我也，兵也?’ 王無罪歲[36]，斯天下之民至焉。” (梁惠王 上)

이 글은『맹자(孟子)』「양혜왕상(梁惠王上)」 편의 일부분으로, 양혜왕이 자신이 백성을 사랑한다며 근거로 댄 것에 대해 맹자는 ‘인정(仁政)’을 실행하지 않는다면 아무 의미가 없는 것이라고 비판을 하고 있는 것이다.

---

24) 百畝之田(백묘지전): 중국 고대의 토지제도인 정전제도(井田制度)에서 한 농가가 사전(私田)으로 분배받는 전지(田地)의 단위.
25) 勿奪其時(물탈기시): 군역이나 부역 등으로 농사짓는 시기를 빼앗지 아니하는 것을 말한다.
26) 謹(근): 신중하게, 또는 열심히 실시하다.
27) 庠序(상서): ‘상(庠)’은 주대(周代)의 향리학교(鄉里學校). ‘서(序)’는 은대(殷代)의 향리학교.
28) 頒白者(반백자): 흰머리가 섞인 노인.
29) 負戴(부대): ‘부(負)’는 등에 지는 것이고, ‘대(戴)’는 머리에 이는 것이다.
30) 黎民(여민): 검은 머리의 백성들. 서민.
31) 食人食(식인사): 사람이 먹을 것을 먹음.
32) 檢(검): 모으다.
33) 餓莩(아표): 굶어 죽은 시체.
34) 發(발): 관청의 곡식을 풀어 백성을 구제함.
35) 刺人(자인): 사람을 찌름.
36) 罪歲(죄세): 흉년을 탓함.

3. 漁父辭

屈原

屈原既放[1], 遊於江潭[2], 行吟[3]澤畔, 顔色憔悴, 形容枯槁[4]。漁父見而問之曰, "子非三閭大夫[5]與[6]? 何故至於斯?" 屈原曰, "擧世皆濁, 我獨淸, 衆人皆醉, 我獨醒, 是以[7]見放[8]。" 漁父曰, "聖人不凝滯[9]於物, 而能與世推移[10]。世人皆濁, 何不[11]淈其泥而揚其波[12]? 衆人皆醉, 何不餔其糟而歠其釃[13]? 何故深思高擧, 自令放爲[14]?"

---

1) 放(방): 쫓겨나다.
2) 游於江潭(유어강담): 강가를 거닐다.
3) 行吟(행음): 거닐면서 시를 읊다.
4) 枯槁(고고): 몸이 야위고 생기가 없다.
5) 三閭大夫(삼려대부): 초(楚)나라의 관직명. '삼려(三閭)'는 초나라의 귀족인 굴(屈)·소(昭)·경(景) 세 개 집안의 성. 굴원은 이 세 개 집안을 관장하는 대부(大夫)였다.
6) 與(여): '여(歟)'와 같은 뜻으로 의문조사로 쓰였다.
7) 是以(시이): '이(以)'는 '고(故)'의 의미로 '시이(是以)'는 '이 때문에, 이런 까닭으로'의 뜻이다.
8) 見放(견방): '견(見)'은 피동형으로 '추방되었다'의 뜻이다.
9) 凝滯(응체): 엉키고 막히다. 얽매이다.
10) 推移(추이): 보조를 맞추어 옮겨가다. 변화하다.
11) 何不(하불): 어찌~하지 않는가?
12) 淈其泥而揚其波(굴기니이양기파): 진흙을 흐리게 하고 그 물결을 일게 하다. 세상 사람과 더러운 명리욕(名利欲)에 휩쓸리는 것을 말한다. '굴(淈)'은 '흐리게 하다, 휘젓다'의 의미이다.
13) 餔其糟而歠其釃(포기조이철기리): 그 지게미를 배불리 먹고 그 찌꺼기를 마시다. '포(餔)'는 '식(食)', '철(歠)'은 '음(飮)'과 같은 뜻이다.
14) 爲(위): '호(乎)'와 같은 뜻으로 쓰인 의문조사이다.

屈原曰, “吾聞之, 新沐者必彈冠, 新浴者必振衣。安能以身之察察[15], 受物之汶汶[16]者乎[17]? 寧赴湘流[18], 葬於江魚之腹中, 安能以皓皓[19]之白, 而蒙世俗之塵埃乎?”

漁父莞爾[20]而笑, 鼓枻[21]而去。歌曰, “滄浪之水[22]淸兮, 可以濯吾纓[23], 滄浪之水濁兮, 可以濯吾足[24]。” 遂去不復與言。

屈原(B.C.약 343~B.C.약 277) 전국(戰國)시기 초(楚)나라의 정치가이자 시인. 이름은 평(平)으로, 원(原)은 자이다. 귀족 출신으로 회왕(懷王)의 신임을 얻어 좌도(左徒)·삼려대부(三閭大夫) 등의 벼슬에 올랐으나, 후에 참소를 받아 회왕과 점점 소원해지게 되었다. 진(秦)나라 소왕(昭王)이 회왕과 무관(武關)에서 만날 것을 약속하자, 굴원을 왕이 가지 말 것을 강력하게 간언했지만, 회왕은

15) 察察(찰찰): 청백, 맑고 깨끗한 것.
16) 汶汶(문문): 더럽고 욕되다.
17) 安能(안능)~乎(호): 어찌~할 수 있겠는가?
18) 湘流(상류): 상강(湘江). 동정호(洞庭湖)로 흘러드는 강.
19) 皓皓(호호): 희고 깨끗한 모양.
20) 莞爾(완이): 빙그레 웃는 모양.
21) 鼓枻(고예): 노로 뱃전을 두드리다. ‘예(枻)’는 ‘노’ 또는 ‘상앗대’이다.
22) 滄浪之水(창랑지수): ‘창랑(滄浪)’은 ‘한수(漢水)’의 하류. 이 노래는 『맹자(孟子)』 「이루(離婁)」편에 “유유자가왈(有孺子歌曰)”로 시작하며 나온다.
23) 濯吾纓(탁오영): 내 갓끈을 씻다. 세상이 바르고 맑으면 의관을 갖추어 출사하겠다.
24) 濯吾足(탁오족): 내 발을 씻다. 어지러운 세상에서는 피하여 숨어 살겠다.

듣지 않았고 이 일이 빌미가 되어 강북(江北)으로 추방을 당하였다. 이후 다시 기용되었으나 그의 완강한 반대에도 불구하고 진나라에 들어간 회왕이 3년 후에 진나라의 배신으로 그곳에서 죽게 되자, 그 아들 경양왕(頃襄王)이 즉위하였다. 그런데 경양왕이 계속 진나라와 통교를 하면서 참소를 믿어 다시 그를 강남(江南)으로 추방하였다. 추방당한 후, 원수(沅水)와 상수(湘水) 일대에서 「구가(九歌)」·「구장(九章)」 등의 작품을 지어 자기의 생각을 드러내었으나, 경양왕은 끝내 깨닫지 못하였다. 그래서 멸망하는 조국을 차마 볼 수 없어 67세 때에 멱라수(汨羅水)에 몸을 던져 자결로써 생을 마쳤다고 한다. 중국에서는 대표적인 애국시인으로 추앙을 받고 있다. 그가 창안해 낸 시체(詩體)를 초사(楚辭)라고 하며 「이소(離騷)」·「구가」·「천문(天問)」·「구장」 등 25편의 작품을 『초사(楚辭)』속에 남기고 있다.

동한(東漢) 왕일(王逸)의 『초사장구(楚辭章句)』, 사마천(司馬遷)의 『사기(史記)』 「굴원가생열전(屈原賈生列傳)」에서는 이 글을 굴원의 작품으로 되어 있으나 후세의 위작인 듯하다. 굴원과 어부의 대화 형식을 취하고 있으며, 이 둘의 대화를 통해 굴원의 청렴결백하고 강직한 성품이 어부의 달관한 삶의 자세와 대조를 이루어 더욱 빛나고 있다.

4. 諫逐客書

李斯

秦宗室大臣皆言秦王曰,“諸侯人來事秦者，大抵爲其主游閒於秦耳，請一切逐客。” 李斯議亦在逐中。

斯乃上書曰,“臣聞吏議逐客，竊以爲過[1]矣。昔穆公[2]求士，西取由余[3]於戎，東得百里奚[4]於宛，迎蹇叔[5]於宋，來

1) 過(과): 잘못, 착오.

2) 穆公(목공): 진(秦)나라 제후로 성은 영(嬴), 이름은 임호(任好)였다. 성공(成公)의 동생으로 춘추오패(春秋五霸) 중 하나이다.

3) 由余(유여): 진(晉)나라 사람이었으나 융(戎)으로 가 융왕(戎王)을 섬겼다. 진(秦)나라 말을 할 줄 알아 융왕은 그를 진(秦)나라에 사신으로 보냈다. 목공이 그를 만나보고는 현명한 사람이라고 여겨 진나라에 머물게 하였다. 후에 융왕이 그가 진나라와 사통한다고 의심을 하자 진나라에 투항하였다. 뒤에 진나라의 재상 자리에까지 올랐고, 융을 칠 계책을 내어 천 리의 땅을 개척케 하고 목공을 서융(西戎)의 패자(霸者)가 되게 하였다. 『사기(史記)』「진본기(秦本紀)」 참조.

4) 百里奚(백리해): 초원(楚宛, 지금의 河南省 南陽縣) 사람으로 우(虞)나라에서 대부(大夫)를 지냈다. 진(晉)나라 헌공(獻公)이 우나라를 멸망시키자 포로가 되었고, 그 딸(秦나라 穆公夫人)의 잉신(媵臣, 신부를 따라가는 하인)으로 삼으려 하자, 치욕을 못 이기고 원(宛)땅으로 도망쳤다가 초(楚)나라 사람들에게 잡혔다. 후에 진나라 목공은 그가 현명하다는 말을 듣고 다섯 장의 검은 양가죽을 주고 데려다가 나라의 정치를 맡겼는데, 재상이 된 지 7년 만에 목공을 패자(霸者)가 되게 했다. 『사기』「진본기」 참조.

5) 蹇叔(건숙): 기주(岐州) 사람으로 송나라에 가 있었는데, 백리해의 추천으로 목공이 후한 폐백(幣帛)을 주고 데려다가 상대부(上大夫)로 삼았다고 한다.

邳豹[6]，公孫支[7]於晉。此五子者，不産於秦，而穆公用之，幷國二十，遂霸西戎。孝公[8]用商鞅[9]之法，移風易俗，民以殷盛，國以富彊[10]，百姓樂用，諸侯親服，獲楚、魏之師[11]，擧地千里，至今治彊。惠王[12]用張儀[13]之

---

6) 邳豹(비표): 비표(丕豹)라고도 하며 진(晉)나라 사람 비정(邳鄭)의 아들이다. 진(晉)나라 혜공(惠公)이 비정을 죽이자 진(秦)나라로 도망갔다고 한다. 『좌전(左傳)』 희공(僖公) 16년과 『사기』 「진본기」 참조.

7) 公孫支(공손지): 공손지(公孫枝)라고도 하며 진(秦)나라의 대부(大夫) 자상(子桑)이다. 기주(岐州) 사람으로 진(晉)나라에 가 벼슬을 하다가 진(秦)나라로 와서 대부가 되었다고 한다.

8) 孝公(효공): 진(秦)나라 임금으로 B.C.362~B.C.338 재위. 헌공(獻公)의 아들로 목공의 15세손이다.

9) 商鞅(상앙): 전국 시기 위(衛)나라 사람으로 진(秦)나라 효공(孝公) 때에 재상을 지내면서 변법을 시행하여 진나라를 강성케 하였다. 상(商)땅에 봉해져 상군(商君)이라고도 불리었으며, 재상으로 있으면서 너무 엄한 법을 시행하다 사람들의 원망을 사 효공이 죽자 거열형(車裂刑)을 받고 죽었다. 『사기』 「상군열전(商君列傳)」 참조.

10) 彊(강): '강(强)'과 같은 의미이다.

11) 獲楚魏之師(획초위지사): 효공 10년에 상앙이 위(魏)나라 안읍(安邑)을 쳐서 빼앗은 것과, 22년(楚宣王 30년)에 남쪽으로 초를 공격하고 다시 위나라를 쳐서 공자묘(公子卯)를 사로잡고 하서(河西)의 땅을 분할 점령하고 강화한 일을 말한다. 『사기』 「진본기」, 「상군열전」, 「초세가(楚世家)」 참조.

12) 惠王(혜왕): 진(秦)나라 혜문군(惠文君)으로 효공의 아들이다. 이때부터 왕(王)이라 자칭하기 시작했다.

13) 張儀(장의): 전국 시기 위(魏)나라 사람으로 혜왕(惠王)이 재상으로 삼았다. 육국(六國)을 유세하여 소진(蘇秦)이 주장했던 합종책(合從策)을 어기고 자기의 연횡책(聯橫策)을 따라 진나라를 섬기도록 했다.

計，拔三川[14]之地，西幷巴、蜀[15]，北收上郡[16]，南取漢中[17]，包九夷[18]，制鄢、郢[19]，東據成皐[20]之險，割膏腴之壤[21]，遂散六國之從，使之西面事秦，功施到今。昭王[22]得

14) 三川(삼천): 지금의 하남성(河南省) 황하(黃河) 양쪽의 땅으로 진나라 때에 군(郡)을 두었다. 이 지역에 황하·낙수(洛水)·이수(伊水)의 강이 흘러 붙여진 이름이다.

15) 巴蜀(파촉): 지금의 사천성(四川省) 지역.

16) 上郡(상군): 지금의 섬서성(陝西省) 서북쪽에 걸쳐 있던 지역.

17) 漢中(한중): 지금의 섬서성 동남쪽과 호북성(湖北省) 서북부에 있던 군 이름.

18) 包九夷(포구이): '포(包)'는 합병하는 것. '구이(九夷)'는 만이(蠻夷)의 통칭으로 '구(九)'는 많다는 의미이다.

19) 鄢郢(언영): 초나라의 고을 이름으로 지금의 호북성 의성현(宜城縣) 동남쪽에 있었다.

20) 成皐(성고): 춘추 시대의 정읍(鄭邑)으로 호뢰(虎牢)라 하였다. 전국 시기에는 한(韓)나라의 땅이었던 요충지이다. 지금의 하남성(河南省) 성고현(成皐縣) 서북쪽이다.

21) 膏腴之壤(고유지양): '고(膏)'는 살진 살이고, '유(腴)'는 살져서 기름진 고기로 '고유지양(膏腴之壤)'은 비옥한 땅을 말한다.

22) 昭王(소왕): 진(秦)나라 소양왕(昭襄王)으로 혜왕(惠王)의 아들이다.

范雎[23]，廢穰侯[24]，逐華陽[25]，彊公室[26]，杜私門[27]，蠶食諸侯，使秦成帝業。此四君者，皆以客之功。由此觀之，客何負於秦哉！向使四君卻客而不內[28]，疏士而不用，是使國無富利之實而秦無彊大之名也。

今陛下致昆山[29]之玉，有隨、和之寶[30]，垂明月之珠[31]，服

---

23) 范雎(범저): 전국 시기 위(魏)나라 사람으로 언변에 능하였다. 위나라에서 벼슬을 하다 실패하고 진(秦)나라에 가서 소왕에게 원교근공책(遠交近攻策)으로 유세하여 후에 재상이 되었으며 응후(應侯)에 봉해지기도 하였다.

24) 穰侯(양후): 위염(魏冉)으로 진나라 소왕의 어머니 선태후(宣太后)의 이부(異父) 동생이다. 재상의 자리에 있으면서 전권을 휘둘렀는데, 범저가 그의 권세가 제후보다 더하다고 소왕을 설득하여 쫓아내게 하였다.

25) 華陽(화양): 화양군(華陽君)으로 소왕의 어머니 선태후의 친동생인 우융(芉戎)이다. 양후와 친분이 있다가 범저에 의해 관외(關外)로 쫓겨났다.

26) 公室(공실): 왕실.

27) 私門(사문): 권신(權臣)의 집안으로, 여기서는 '양후'와 '화양'의 집안을 가리킨다.

28) 內(납): '납(納)'과 같은 뜻으로 '받아들이다'라는 의미이다.

29) 昆山(곤산): 곤강(昆岡)으로 황하의 근원이 여기에서 시작되며 옛날부터 옥의 산지로 유명하였다. 곤륜산(崑崙山)이라고도 한다.

30) 隨和之寶(수화지보): 수후(隨侯)의 구슬과 화씨(和氏)의 옥. 수후의 구슬은 수후가 큰 뱀이 두 동강이 난 것을 보고 약을 발라 고쳐주자, 후에 그 뱀이 물어다 주었다는 명주(明珠)로 흔히 수주(隋珠)라고 불렀다.(『회남자(淮南子)』「남명편(覽冥篇)」 참조) 화씨의 옥은 초나라 사람인 변화(卞和)가 형산(荊山)에서 발견했다는 보옥(寶玉)이다.(『한비자(韓非子)』「화씨편(和氏篇)」 참조.)

31) 明月之珠(명월지주): 밤에도 밝은 달처럼 빛을 낸다는 야광주(夜光珠). 『회남자』「범론편(氾論篇)」 참조.

太阿之劍[32)]，乘纖離[33)]之馬，建翠鳳[34)]之旗，樹靈鼉[35)]之鼓。此數寶者，秦不生一焉，而陛下說之，何也？必秦國之所生然後可，則是夜光之璧不飾朝廷，犀象之器不爲玩好，鄭、衛[36)]之女不充後宮，而駿馬駃騠[37)]不實外廐[38)]，江南金錫不爲用，西蜀丹靑不爲采。所以飾後宮充下陳[39)]娛心意說耳目者，必出於秦然後可，則是宛珠[40)]之簪，傅璣[41)]之珥[42)]，阿縞[43)]之衣，錦繡之飾不進於前，而隨俗雅化[44)]佳冶

---

32) 太阿之劍(태아지검): 초(楚)나라(또는 吳나라)의 명장인 간장(干將)이 만들었다는 명검. 간장(干將)·막야(莫邪)와 함께 만들어진 명검으로 『오월춘추(吳越春秋)』·『수신기(搜神記)』 등에 이들에 관한 여러 가지 전설이 실려 있다.

33) 纖離(섬리): 좋은 말의 이름.

34) 翠鳳(취봉): 비취색 깃으로 만든 봉황새 모양의 깃대의 장식. 천자의 수레에 이 깃발을 세웠다고 한다.

35) 靈鼉(영타): 신령스런 악어. 큰 악어 가죽으로 좋은 북을 만들었다.

36) 鄭衛(정위): 춘추전국 시기에 정나라와 위나라의 풍속이 음탕하다고 여겼기 때문에 여자의 농염함을 이야기할 때, 정위지녀(鄭衛之女)이라고 하였다. 여기서는 외국 미녀를 가리킨다.

37) 駃騠(결제): 북적(北狄)의 좋은 말 이름.

38) 廐(구): 마굿간.

39) 下陳(하진): 후열(後列)이라고도 하며, 궁녀가 있는 방 또는 후궁을 말한다.

40) 宛珠(완주): '완(宛)'땅에서 나는 구슬로 '완(宛)'은 곧 남양(南陽)이다.

41) 傅璣(부기): '부(傅)'는 '부(附)'의 의미로 붙인다는 뜻이고, '기(璣)'는 둥글지 않은 구슬이다. 즉, '부기(傅璣)'는 모가 있는 구슬을 붙여 장식하는 것이다.

42) 珥(이): 귀고리.

43) 阿縞(아호): 제(齊)나라 동아(東阿) 땅에서 나던 희고 고운 비단.

44) 隨俗雅化(수속아화): 우아함이 습속을 따라 변화하는 것.

窈窕[45]趙女不立於側也。夫擊甕[46]叩缶[47]彈箏[48]搏髀[49]，而歌呼嗚嗚快耳者，眞秦之聲也。鄭、衛[50]桑間[51]、昭虞[52]、武象[53]者，異國之樂也。今棄擊甕叩缶而就鄭衛，退彈箏而取昭虞，若是者何也？快意當前，適觀而已矣。今取人則不然，不問可否，不論曲直，非秦者去，爲客者逐。然則是所重者在乎色樂珠玉，而所輕者在乎人民也。此非所以跨海內[54]制諸侯之術也。

臣聞地廣者粟多，國大者人衆，兵彊則士勇。是以太山不讓土壤，故能成其大，河海不擇細流，故能就其深，王者不卻衆庶，故能明其德。是以地無四方，民無異國，四時充

45) 佳冶窈窕(가야요조): 아름답고 얌전한 것.
46) 擊甕(격옹): 물독을 치면서 박자를 맞추는 것.
47) 叩缶(고부): 토기를 두드려며 박자를 맞추는 것.
48) 彈箏(탄쟁): 쟁을 타다. 쟁은 옛날의 악기로 원래는 5줄이었으나 진(秦)나라의 몽염(蒙恬)이 12줄로 개량을 하였고, 당(唐)나라 이후에는 13줄이 되었다고 한다.
49) 搏髀(박비): 넓적다리를 치면서 장단을 맞추는 것.
50) 鄭衛(정위): 정나라와 위나라의 노래. 『시경(詩經)』 시대부터 난세의 음악으로 알려져 있다. 『예기(禮記)』「악기(樂記)」, "鄭衛之音, 亂世之音也。"
51) 桑間(상간): 상간(桑間)과 복상(濮上)을 가리키는 것으로 모두 위(衛)나라의 땅 이름이다. 상간과 복상은 망해가는 나라의 음탕한 노래로 알려져 있다. 『예기』「악기」, "桑間、濮上之音, 亡國之音也。"
52) 昭虞(소우): 순(舜)임금 때의 음악 이름. '소(昭)'는 '소(韶)'와 통한다.
53) 武象(무상): 주(周)나라 무왕(武王) 때의 음악 이름.
54) 過海內(과해내): '과(過)'는 '임(臨)'의 의미로, '과해내(過海內)'는 천하에 군림하다. 온 천하를 지배하다라는 의미이다.

美[55]，鬼神降福，此五帝、三王[56]之所以無敵也。今乃棄黔首[57]以資[58]敵國，卻賓客以業[59]諸侯，使天下之士退而不敢西向，裹足[60]不入秦，此所謂藉寇兵[61]而齎盜糧[62]者也。

夫物不產於秦，可寶者多，士不產於秦，而願忠者衆。今逐客以資敵國，損民以益讎，內自虛而外樹怨於諸侯，求國無危，不可得也。”

秦王乃除逐客之令，復李斯官。（『史記』卷87「李斯列傳」）

이사(李斯, ?~B.C.208) 초(楚)나라 상채(上蔡, 지금의 河南省 汝南縣 북쪽) 사람으로 순자(荀子)의 제자였다. 진(秦)나라로 가서 진왕(秦王)에게 유세를 하려고 하였으나, 마침 장양왕(莊襄王)이 세상을 떠나자 당시 재상이었던 여불위(呂不韋)의 문객이 되었다. 여불위가 그를 중용하여 낭(郞)에 임명하였고, 이를 통해 진왕 정(政, 훗날의

55) 四時充美(사시충미): 사계절이 언제나 물산이 풍족하고 경치가 아름다운 것.
56) 五帝三王(오제삼왕): 오제(五帝)에 대해서는 여러 가지 설이 있으나, 『사기』의 기록에 의하면 황제(黃帝)·전욱(顓頊)·제곡(帝嚳)·당요(唐堯)·우순(虞舜)이고, 삼왕(三王)은 하(夏)·상(商)·주(周) 삼대의 첫 임금으로 곧 우왕(禹王)·탕왕(湯王)·문왕(文王)과 무왕(武王)이다.
57) 黔首(금수): 백성. 관을 쓰지 않아 검은 머리를 드러내고 있다는 의미이다.
58) 資(자): 돕다.
59) 業(업): 일을 도와 주다. 패업(霸業)을 돕는다는 뜻이다.
60) 裹足(과족): 발을 싸매다. 곧 발을 움직이지 않는 것을 가리키는 말.
61) 藉寇兵(자구병): 적에게 무기를 빌려 주다.
62) 齎盜糧(재도량): 도둑에게 양식을 보내 주다.

秦始皇)에게 유세할 기회를 얻게 되자 6국을 통일 정책을 건의하여 객경(客卿)의 벼슬을 얻었다. 진시황(秦始皇)이 통일을 완성한 후에는 진나라의 승상(丞相)이 되어, 봉건제 폐지·군현제 실시·소전(小篆)으로의 문자 통일·도량형 통일·진율(秦律)을 완성하는 등의 개혁 정책을 주도하였다. 법가로의 사상 통일을 위해 분서갱유(焚書坑儒)를 건의한 사람도 그이다. 진시황 사후 환관인 조고(趙高)와 모의하여 시황제의 장자인 부소(扶蘇)를 죽이고 둘째 아들인 호해(胡亥)를 2세 황제에 올려놓았다. 그 후 계속 승상의 자리에 있던 중 조고의 음해를 받아 모반죄를 뒤집어쓰고 함양(咸陽)에서 허리가 꺾여 죽는 형벌을 받았고, 삼족이 멸족을 당하였다.

이 작품은 진시황 때에 외국 출신의 벼슬아치들을 쫓아내자는 의견이 일자, 당시에 승상이었던 이사가 그것의 부당함에 대하여 간언한 글이다. 진나라의 정치가이면서 대표적인 문장가인 이사의 대표작으로 왕을 설득하기 위하여 적절한 예를 들어 자신의 논지를 진행하고 있는 명문이라 할 수 있다. 특히 『관자(管子)』에서 인용한 문장인 '太山不讓土壤，故能成其大, 河海不擇細流，故能就其深。'은 오늘날까지도 인구(人口)에 회자(膾炙)하고 있다.

5. 孟嘗君列傳-鷄鳴狗盜

孟嘗君在薛[1]，招致[2]諸侯賓客及亡人[3]有罪者，皆歸孟嘗君。孟嘗君舍業[4]厚遇之，以故傾[5]天下之士。食客數百人，無貴賤一[6]與文[7]等[8]。孟嘗君待客坐語，而屛風後常有侍史[9]，主[10]記君所與客語，問親戚[11]居處。客去，孟嘗君已使使[12]存問[13]，獻遺[14]其親戚。孟嘗君曾待客夜食，有一人蔽火光。客怒，以飯不等，輟[15]食辭去。孟嘗君起，自持其飯比之。客慚，自剄。士以此多歸孟嘗君。孟嘗君客無所擇，皆善遇之。人人各自以爲孟嘗君親己。

---

1) 薛(설): 고대의 지명으로, 지금의 산동성(山東省) 등현(滕縣)의 남쪽이다. 맹상군의 봉지였다.
2) 招致(초치): 부르다, 초대하다.
3) 亡人(망인): 도망친 사람.
4) 舍業(사업): 가업을 버리다는 의미이나, 여기서는 많은 재산을 사용하다란 뜻으로 쓰였다.
5) 傾(경): 흠모하다. 여기서는 사동용법(使動用法)으로 쓰여서 천하의 선비들로 하여금 맹상군을 흠모하게 만들었다는 뜻이다.
6) 一(일): 일률적으로, 한결같이.
7) 文(문): 맹상군의 이름. 성이 '전(田)'이고, 이름이 '문(文)'이었다.
8) 等(등): 동등하다.
9) 侍史(시사): 귀족 관리 밑에서 문서 업무를 담당하는 사람.
10) 主(주): 책임지다.
11) 親戚(친척): 부모형제 등을 가리킨다. 현대 한어와 의미가 다르다.
12) 使使(사사): 사람을 보내다. 사람을 시키다.
13) 存問(존문): 방문하다. 위문하다.
14) 獻遺(헌유): 예물을 보내다.
15) 輟(철): 그만두다, 멈추다.

秦昭王[16]聞其賢, 乃先使涇陽君[17]爲質[18]於齊, 以求見孟嘗君。孟嘗君將入秦, 賓客莫欲其行[19], 諫, 不聽。蘇代謂曰: "今日代從外來, 見木禺人[20]與土禺人相與語。木禺人曰: '天雨, 子將敗矣。' 土禺人曰: '我生於土, 敗則歸土。今天雨, 流子而行, 未知所止息[21]也。' 今秦, 虎狼之國也, 而君欲往, 如有不得還, 君得無爲土禺人所笑乎?" 孟嘗君乃止。齊湣王二十五年, 復卒使孟嘗君入秦, 昭王則以孟嘗君爲秦相[22]。人或說[23]秦昭王曰: "孟嘗君賢, 而又齊族[24]也, 今相秦[25], 必先弟而後秦, 秦其危矣。[26]" 於是秦昭王乃止。囚[27]

---

16) 秦昭王(진소왕): 진나라 소양왕(昭襄王) 영직(嬴稷)을 말한다. B.C.306년에서 B.C.251년까지 재위하였다. 위(魏)나라와 초(楚)나라의 땅을 빼앗고, 뒤에 장평(長平, 지금의 山西省 高平縣 서북쪽)에서 조(趙)나라 군사를 크게 무찔러 진나라가 통일을 이루는 데 기초를 다졌다.
17) 涇陽君(경양군): 진나라 소양왕의 동생. 영시(嬴市).
18) 質(질): 인질.
19) 莫欲其行(막욕기행): 그가 가기를 바라는 사람이 아무도 없다.
20) 木禺人(목우인): '우(禺)'는 '우(偶)'와 통한다. '목우인(木禺人)'은 나무로 만든 인형이다.
21) 所止息(소지식): 멈추는 곳.
22) 相(상): 옛날에 군왕을 보좌하여 나라의 일을 관장하던 최고의 관직.
23) 說(세): 유세하다.
24) 齊族(제족): 제나라의 왕족.
25) 相秦(상진): '상(相)'이 동사처럼 쓰여서 '진나라의 재상으로 삼다'의 뜻이다.
26) 其(기)~矣(의): 추측의 어감을 나타낸다.
27) 囚(수): 가두다.

孟嘗君, 謀欲殺之。孟嘗君使人抵昭王幸姬[28]求解。幸姬曰: "妾[29]願得君狐白裘[30]。" 此時孟嘗君有一狐白裘, 直[31]千金, 天下無雙, 入秦獻之昭王, 更無他裘。孟嘗君患之, 遍問客, 莫能對。最下坐[32]有能爲狗盜[33]者, 曰: "臣能得狐白裘。" 乃夜爲狗, 以入秦宮臧[34]中, 取所獻狐白裘之, 以獻秦王幸姬, 幸姬爲言昭王, 昭王釋[35]孟嘗君。孟嘗君得出, 卽[36]馳去, 更封傳[37], 變名姓以出關。夜半至函谷關[38]。秦昭王後悔出[39]孟嘗君, 求之, 已去, 卽使人持傳[40]逐之。孟嘗君至

---

28) 幸姬(행희): 총애를 받는 애첩.
29) 妾(첩): 옛날에 여자가 스스로를 낮춰 부르던 말.
30) 狐白裘(호백구): 여우 겨드랑이의 흰 털이 붙은 부분의 가죽으로 만든 옷. 매우 귀한 물건이었다.
31) 直(치): '치(値)'와 통하여 '가치가 있다'는 의미이다.
32) 最下坐(최하좌): 빈객 중에 가장 신분이 낮은 사람을 가리키는 것이다.
33) 爲狗盜(위구도): 개의 흉내를 내어 도둑질을 하다.
34) 宮臧(궁장): '장(臧)은 '장(藏)'과 통하여 '궁장(宮臧)'은 궁궐 안의 창고를 말한다.
35) 釋(석): 풀어주다, 놓아주다.
36) 卽(즉): 즉시.
37) 封傳(봉전): 당시 관문을 통과하는 통행증. 나무판을 사용하여 만든 것으로, 윗면에 성명 등의 사항을 쓰고, 다시 나무판을 사용하여 봉한 뒤 인장을 찍었다.
38) 函谷關(함곡관): 관문 이름. 지금의 하남성(河南省) 영보현(靈寶縣) 동북쪽에 있었다. 당시 진나라가 동쪽의 여러 나라와 교통하던 중요한 길목이었다.
39) 出(출): 사동용법(使動用法)으로 쓰였다.
40) 傳(전): 옛날에 역참에 비치되어 있던 거마.

關。關法: 鷄鳴而出客。孟嘗君恐追[41]至, 客之居下坐者有能爲鷄鳴。而鷄齊鳴, 遂發傳[42]出。出如食頃[43], 秦追果至關, 已後孟嘗君出。乃還。
始孟嘗君列此二人於食客, 賓客盡羞之, 及孟嘗君有秦難, 卒此二人拔之。自是之後, 客皆服。(司馬遷, 『史記』「孟嘗君列傳」)

司馬遷(사마천, 약 B.C.145~80): 서한(西漢)의 역사학자. 『사기(史記)』의 저자. 자는 자장(子長)으로 夏陽(하양, 지금의 陝西省 韓城縣) 사람이다. 태사령(太史令)이었던 부친 사마담(司馬談)의 영향을 받아 10세 때부터 『상서(尙書)』, 『좌전(左傳)』, 『국어(國語)』 등과 같은 책을 암기했다. 20세 때에 무제(武帝)의 명령을 받아 전국을 돌아다니며 유실된 책을 수집하면서 지형·풍속·역사고적을 익히고 전설을 채집했다. 낭중(郞中)의 벼슬을 맡아 부친의 역사서 편찬을 돕다가 부친의 뒤를 이어 태사령이 되었다. 천한(天漢) 3년(B.C.98) 흉노에 항복한 이릉(李陵)을 변호하다가 무제의 노여움을 사 궁형(宮刑)에 처해졌다. 출옥 후 중서령(中書令)에 임명되어 역사서 편찬에 몰두한 끝에 방대한 양의 『사기』를 완성하였다.

이 작품은 "식객(食客)" 계층이 선진 시기에 한 역할에 대해 생동적으로 묘사를 하였다. 또한 당시 귀족 계급이 어떻게 식객을 받아들여 자신의 세력을 강화하는 데에 이용했는지를 보여주고

---

41) 追(추): 여기서는 명사처럼 쓰여서 추격해오는 병사를 가리킨다.
42) 發傳(발전): 봉전을 보이다.
43) 食頃(식경): 밥을 먹을 만한 시간.

있다. 당시에 맹상군은 삼천 명의 식객을 거느렸다고 알려지고 있다.

6. 出師表

諸葛亮

臣亮言[1], 先帝[2]創業[3]未半, 而中道崩殂[4]。今天下三分[5], 益州[6]疲弊[7], 此誠危急存亡之秋[8]也。然侍衛[9]之臣不懈於內, 忠志之士忘身[10]於外者, 蓋追先帝之殊遇[11], 欲報之於陛下也。誠宜開張聖聽[12], 以光先帝遺德, 恢弘[13]志士之氣, 不

1) 臣亮言(신량언): '신량(臣亮)'은 작자가 스스로를 황제에게 일컫는 말. '언(言)'은 아뢰다, 상주하다의 뜻. 따라서 '신량언(臣亮言)'은 '신 제갈량 아뢰옵니다'라는 의미이다.
2) 先帝(선제): 촉한(蜀漢)의 소열제(昭烈帝) 유비(劉備)를 말한다.
3) 創業(창업): 처음으로 나라를 세움. 여기서는 유비가 촉을 세워 한 왕실을 부흥시키고자 한 것을 말함.
4) 崩殂(붕조): 황제의 죽음, 붕어(崩御)라고도 한다. 『예기(禮記)』「곡례(曲禮)」: "天子死曰崩, 諸侯曰薨, 大夫曰卒, 庶人曰死。"
5) 天下三分: 당시의 천하가 조비(曹丕)의 위(魏), 손권(孫權)의 오(吳), 유선(劉禪)의 촉한 세 나라로 나누어진 것을 말한다.
6) 益州(익주): 촉한의 땅. 사천성(四川省) 성도부(成都府)의 지명이다.
7) 疲弊(피폐): 피로하여 쇠약해지다. 여기서는 여러 차례의 전쟁으로 피폐해진 것을 말한다.
8) 秋(추): 시기. 때.
9) 侍衛(시위): 임금을 모시고 호위하다.
10) 忘身(망신): 자기 몸을 돌보지 않다. 희생하다.
11) 殊遇(수우): 특별한 대우.
12) 開張聖聽(개장성청): 신하들의 간언을 받아들여 천자의 견문을 넓히다.
13) 恢弘(회홍): 넓고 크게 하다.

宜妄自菲薄[14], 引喩失義[15], 以塞忠諫之路也。

宮中[16]府中[17], 俱爲一體, 陟罰臧否[18], 不宜異同[19]。若有作姦犯科[20], 及爲忠善者, 宜付有司[21], 論[22]其刑賞, 以昭陛下平明之理, 不宜偏私使內外異法也。

侍中侍郎[23]郭攸之[24], 費禕[25], 董允[26]等, 此皆良實, 志慮忠純, 是以先帝簡拔[27], 以遺陛下。愚[28]以爲宮中之事, 事無大

---

14) 妄自菲薄(망자비박): 망령되이 덕이 없다고 스스로 자신을 가벼이 여기다. '비박(菲薄)'은 얇고 가벼운 것을 말한다.
15) 引喩失義(인유실의): 사리에 합당하지 않는 비유를 들다.
16) 宮中(궁중): 임금이 있는 궁전 안.
17) 府中(부중): 재상이 집무하는 승상부(丞相府).
18) 陟罰臧否(척벌장비): 선한 이를 올리고, 악한 이를 벌한다.
19) 異同(이동): 다르다. 같지 아니하다.
20) 作姦犯科(작간범과): 간사한 짓을 하고 법을 어기다. '과(科)'는 법률, 법령.
21) 有司(유사): 관리, 관원.
22) 論(논): 의논하여 정하다.
23) 侍中侍郎(시중시랑): 모두 천자를 좌우에서 모시는 신하들이다. 시중은 천자의 수레와 의복 등을 담당하는 직책이었고, 시랑은 주로 황문시랑(黃門侍郎)을 가리키는데 천자의 좌우에서 보좌하며 명령을 전달하는 일을 맡았다.
24) 郭攸之(곽유지): 남양(南陽) 사람, 당시에 시중이었다.
25) 費禕(비의): 자는 문위(文偉), 강하(江夏) 맹(鄳) 사람. 시중이었다.
26) 董允(동윤): 자는 휴소(休昭), 남양(南郡) 지강(枝江) 사람. 시랑이었다.
27) 簡拔(간발): 가려서 뽑다.
28) 愚(우): 어리석은 사람이라는 뜻으로 자신에 대한 겸칭.

小, 悉以咨之[29], 然後施行, 必能裨補闕漏[30], 有所廣益。將軍向寵[31], 性行淑均[32], 曉暢[33]軍事, 試用於昔日, 先帝稱之曰能。是以衆議擧寵爲督[34]。愚以爲營中之事, 悉以咨之, 必能使行陣[35]和睦, 優劣得所[36]。

親賢臣, 遠小人, 此先漢[37]所以興隆也。親小人, 遠賢臣, 此後漢[38]所以傾頹[39]也。先帝在時, 每與臣論此事, 未嘗不歎息

29) 悉以咨之(실이자지): 모두 다 그들에게 자문하다. '자(咨)'는 윗사람이 아랫사람에게 의견을 묻는 것이다.
30) 裨補闕漏(비보궐루): 부족하고 빠진 것을 채우고 보충하다.
31) 向寵(상총): 양양(襄陽) 의성(宜城) 사람으로 후에 전사하였다.
32) 性行淑均(성행숙균): 성품과 행동이 선량하고 공평하다.
33) 曉暢(효창): 환히 알다. 자세히 알다.
34) 擧寵爲督(거총위독): 후주(後主) 건흥(建興) 원년에 상총이 중도독(中都督)이 된 것을 말한다.
35) 行陣(항진): 군대, 부대.
36) 優劣得所(우열득소): 재능의 우열에 따라서 그 알맞은 자리를 얻어주다.
37) 先漢(선한): 서한(西漢)의 흥성하던 시기. 고조(高祖), 문제(文帝), 경제(景帝), 무제(武帝) 등의 치세를 가리킨다.
38) 後漢(후한): 동한(東漢) 말년의 쇠퇴하던 시기를 가리킨다.
39) 傾頹(경퇴): 기울고 쇠퇴하다.

痛恨於桓靈[40]也。侍中[41], 尙書[42], 長史[43], 參軍[44], 此悉貞亮[45]死節[46]之臣。願陛下親之信之, 則漢室之隆, 可計日而待[47]也。

臣本布衣[48], 躬耕[49]於南陽[50], 苟全[51]性命於亂世, 不求聞達[52]於諸侯。先帝不以臣卑鄙[53], 猥自枉屈[54], 三顧臣於草廬

---

40) 桓靈(환영): 동한(東漢) 말년의 환제(桓帝) 유지(劉志), 영제(靈帝) 유굉(劉宏). 환관의 세력이 강해져 정치가 문란해지고 나라가 기울기 시작한 때이다.

41) 侍中(시중): 곽유지(郭攸之), 비의(費禕) 등을 말한다.

42) 尙書(상서): 천자와 신하 간의 문서의 수수를 맡은 직책으로, 진진(陳震)이 당시의 상서였다.

43) 長史(장사): 황궁 및 각 성의 서기장으로, 장예(張裔)가 당시의 장사였다.

44) 參軍(참군): 군사 회의에 참여하는 직책으로 장완(蔣琬)이 당시의 참군이었다.

45) 貞亮(정량): 마음이 곧고 신의가 있다.

46) 死節(사절): 죽음으로써 절개를 지키다.

47) 計日而待(계일이대): 날짜를 세면서 기다리다. 오래 기다리지 않고 이루어질 수 있다는 뜻이다.

48) 布衣(포의): 삼베로 지은 옷으로 벼슬이 없는 선비를 비유적으로 이르는 말이다.

49) 躬耕(궁경): 몸소 경작하다.

50) 南陽(남양): 한나라 남양군(南陽郡)으로 제갈량은 호북성(湖北省) 양양현(襄陽縣)에서 서쪽으로 20리 떨어져 있는 남양군 서쪽의 융중(隆中)이라는 곳에 살았다.

51) 苟全(구전): 구차하게 보존하다.

52) 聞達(문달): 명성을 얻고 높은 벼슬에 오르다.

53) 卑鄙(비비): 신분이 낮고 천하다.

54) 猥自枉屈(외자왕굴): 외람되게도 친히 몸을 굽히고 오다.

之中[55], 諮[56]臣以當世之事。由是感激, 遂許先帝以驅馳[57]。後値傾覆[58], 受任於敗軍之際, 奉命於危難之間[59], 爾來二十有一年[60]矣。先帝知臣謹愼, 故臨崩[61], 寄臣以大事[62]也。受命以來, 夙夜[63]憂歎, 恐託付不效, 以傷先帝之明。

---

55) 草廬(초려): 초가집.
56) 諮(자): '자(咨)'와 같은 의미이다.
57) 驅馳(구치): 분주하게 돌아다니는 것으로, 나랏일에 신명을 다 바쳐서 일하는 것을 말한다.
58) 後値傾覆(후치경복): 후에 나라가 기울고 넘어지게 되게 되는 일을 만나다. '치(値)'는 '우(遇)'의 뜻이다. 한나라 헌제(獻帝) 건안(建安) 13년(208)에 유비가 호북성(湖北省) 당양(當陽)의 장판파(長阪坡)에서 조조에게 대패한 일을 말한다.
59) 奉命於危難之間(봉명어위난지간): 위급한 때에 명을 받들다. 즉 촉한의 군대가 조조의 군대에게 대패하고 추격을 당하자, 유비가 제갈량에게 오나라의 손권에게 가서 원군을 청하라는 명을 내린 것을 말한다.
60) 爾來二十有一年(이래이십유일년): 유비가 삼고초려를 하여 제갈량을 맞이한 것이 건안 12년(207)년이고, 지금 제갈량이 군사를 일으키는 때가 건흥 5년(227)이어서 21년이 되었다고 한 것이다.
61) 臨崩(임붕): 죽을 때가 되다.
62) 寄臣以大事(기신이대사): 신에게 나라의 대사를 부탁하다. 장무(章武) 3년(223) 4월 유비가 병으로 위독해지자 제갈량에게 후사를 부탁하며 "君才十倍曹丕, 必能安國, 終建大業。(그대의 재능은 조비보다 열 배이니 반드시 나라를 안정시킬 수 있고 끝내 대업을 이룰 것이다.)" 라고 하였고, 後主에게는 "汝與丞相從事, 事之如父。(너는 승상과 함께 나라 일을 하는데 그를 모시기를 아비처럼 하라.)"고 명령하였다.
63) 夙夜(숙야): 이른 아침과 밤.

故五月渡瀘[64], 深入不毛[65], 今南方已定[66], 兵甲已足, 當獎率三軍, 北定中原[67]。庶竭駑鈍[68], 攘除奸凶[69], 興復漢室, 還于舊都[70]。此臣所以報先帝, 而忠陛下之職分也。

至於斟酌[71]損益, 進盡忠言, 則攸之, 禕, 允之任也。願陛下託臣以討賊興復之效。不效, 則治臣之罪, 以告先帝之靈。若無興德之言, 則責攸之, 禕, 允等之慢, 以彰其咎[72]。陛下亦宜自謀, 以諮諏[73]善道, 察納雅言[74], 深追先帝遺詔[75]。臣不勝受恩感激, 今當遠離, 臨表涕零[76], 不知所言。(『三國

---

64) 五月渡瀘(오월도로): 오월에 노수를 건너다. 건흥(建興) 3년 5월에 제갈량이 노수를 건너 남만(南蠻)을 토벌하였던 일을 말한다. 아롱강(雅礱江)의 하류를 노수라 하였고, 사천성(四川省) 회리현(會理縣) 서남쪽으로 금사강(金沙江)이 흘러 들어왔는데, 이 두 강이 합쳐지던 곳이 바로 제갈량이 강을 건넌 곳이다.
65) 不毛(불모): 불모지, 황무지.
66) 南方已定(남방이정): 남방이 이미 평정하다. 맹획(孟獲)을 평정한 일을 말한다.
67) 中原(중원): 위나라의 조비를 가리킴.
68) 庶竭駑鈍(서갈노둔): 부족하고 어리석은 재주를 다하기를 바란다. '서(庶)'는 바란다. '갈(竭)'은 '다하다'의 뜻. '노둔(駑鈍)'은 '느린 말과 무딘 칼'로 자신을 능력과 재주가 없다고 스스로를 낮추어 한 말임.
69) 攘除奸凶(양제간흉): 간사하고 흉악한 무리를 제거하다. 즉 위나라 문제(文帝) 조비를 가리킨다.
70) 舊都(구도): 서한의 서울이었던 장안(長安)을 말한다.
71) 斟酌(짐작): 어림잡아 헤아리다.
72) 彰其咎(창기구): 그 잘못을 드러내다.
73) 諮諏(자추): 자문하다.
74) 雅言(아언): 곱고 바른 말. 정언(正言).
75) 遺詔(유조): 임금의 유언.
76) 臨表涕零(임표체영): 표를 올리며 눈물을 흘리다.

志』 卷35「蜀書·諸葛亮傳」)

諸葛亮(제갈량, 181~234): 자는 공명(孔明)으로 후한(後漢) 낭야군(瑯琊郡) 양도현(陽都縣, 지금의 산동성(山東省) 기수현(沂水縣) 남쪽) 사람이다. 삼국 시기 촉한의 승상이었으며, 유비가 죽은 뒤 명을 받들어 후주를 보좌하였다. 문학에도 조예가 깊어 문집 25권이 있었으나, 대부분 일실되었다. 『제갈량집(諸葛亮集)』이 지금까지 전해지고 있다.

『삼국지(三國志)』「촉지(蜀志)」 제갈량전(諸葛亮傳)에 "(건흥) 5년(227)에 군대를 거느리고 북쪽 한중(漢中)에 주둔하다가 출발에 즈음하여 소(疏)를 올렸다."는 구절이 있는데, 여기에서의 소가 바로 출사표이다. 위(魏)나라 정벌에 앞서 후주 유선에게 올린 이 글에서 작자는 유비의 은혜에 대한 감사, 국가에 대한 충성, 그리고 후주에 대한 부탁 등을 진솔한 필치로 서술하여 읽는 이에게 많은 감동을 주고 있다.

한편 건흥 6년에 오나라가 위나라 조휴(曹休)의 군대를 격파하자 위나라 군대가 이를 돕기 위해 동으로 내려가서 관중(關中)이 비게 되자, 이 기회를 타 관중을 공격하자면서 제갈량 올린 표가 하나 더 있는데, 이를 「후출사표(後出師表)」라 한다.

7. 陳情表

李密

臣密言, 臣以險釁[1], 夙遭閔凶[2], 生孩六月, 慈父見背[3]。行年四歲, 舅奪母志[4], 祖母劉, 愍[5]臣孤弱, 躬親[6]撫養[7]。臣少多疾病, 九歲不行, 零丁[8]孤苦[9], 至于成立[10]。既無伯叔, 終鮮[11]兄弟, 門衰祚薄[12], 晚有兒息。外無期功[13]强近之親[14],

---

1) 險釁(험흔): 운수가 좋지 않다.
2) 閔凶(민흉): 우환과 흉조로 부모가 돌아가신 불행을 말한다.
3) 見背(견배): 등지다. 돌아가시다. 아버지가 돌아가신 것을 말한다.
4) 舅奪母志(구탈모지): 외삼촌이 어머니의 수절하려는 뜻을 꺾어 강제로 개가시키다.
5) 愍(민): 불쌍히 여기다.
6) 躬親(궁친): 몸소, 친히.
7) 撫養(무양): 어루만져 키워주시다.
8) 零丁(영정): 의지할 데가 없어 외롭고 쓸쓸하다.
9) 孤苦(고고): 혼자서 고생하다.
10) 成立(성립): 성인이 되다.
11) 既無(기무)……終鮮(종선)~: ……도 없고~도 드물다.(熟語)
12) 門衰祚薄(문쇠조박): 가문이 쇠하여지고 박복해지다. 祚는 福의 의미이다.
13) 期功(기공): 기복(期服)과 공복(功服). 기복은 조부모(祖父母)·백숙부모(伯叔父母)·적손(嫡孫)·형제 등의 상을 당했을 때 일 년간 입는 상복으로 '기복(朞服)'이라고도 한다. 공복(功服)에는 대공(大功)과 소공(小功)이 있는데, 대공은 종형제(從兄弟)의 상을 당하였을 때 9개월간 입는 상복이고, 소공은 종조부모(從祖父母)·재종형제(再從兄弟)·종질(從姪)·종손(從孫) 등의 상을 당했을 때 5개월간 입는 상복을 말한다.
14) 强近之親(강근지친): 억지로라도 가깝다고 할 만한 친척.

內無應門[15]五尺之僮[16], 煢煢獨立[17], 形影相弔[18]。而劉夙嬰[19]疾病, 常在牀蓐[20], 臣侍湯藥, 未嘗廢離。

逮[21]奉聖朝[22], 沐浴淸化[23]。前太守臣逵[24]察[25]臣孝廉[26], 後刺史臣榮[27]擧臣秀才[28], 臣以供養無主, 辭不赴命。詔書[29]特

---

15) 應門(응문): 문 앞에서 손님을 맞이하다.
16) 五尺之僮(오척지동): 1척이 두 살 반 아이를 말하므로, 5척은 12세 정도이다. 즉 '오척지동'은 12세가량의 어린 하인을 말한다.
17) 煢煢獨立(경경독립): 의지할 곳 없이 홀로 외롭게 살아가다. '경경(煢煢)'은 외로운 모습.
18) 形影相弔(형영상조): 자신의 몸과 그림자가 서로 위로한다. 매우 외로워서 의지할 곳이 없는 것을 말한다.
19) 嬰(영): 병에 걸리다.
20) 蓐(욕): 요, 깔개.
21) 逮(태): 미치다, 이르다.
22) 聖朝(성조): 당대의 조정에 대한 존칭으로, 여기서는 진(晉)나라를 가리킨다.
23) 沐浴淸化(목욕청화): 맑은 교화를 온 몸에 입다. '목욕(沐浴)'은 '습(濕)'의 의미이고, '청화(淸化)'는 맑은 교화를 받음을 말한다.
24) 逵(규): 건위군(犍爲郡) 태수(太守)의 이름으로, 성은 미상이다.
25) 察(찰): 발탁하다, 선발하다.
26) 孝廉(효렴): 한(漢)나라 때에 시행된 관리 선발 방법의 하나로, 효성스럽고 청렴한 사람을 뽑았다.
27) 榮(영): 익주자사(益州刺史)의 이름으로, 성은 미상이다.
28) 秀才(수재): 효렴(孝廉)과 함께 한나라 때에 시행된 관리 선발 방법의 하나로, 뛰어난 인재를 뽑았다.
29) 詔書(조서): 천자의 명령을 적은 문서.

下, 拜[30]臣郎中[31]。尋[32]蒙國恩, 除[33]臣洗馬[34]。猥[35]以微賤, 當侍東宮, 非臣隕首[36]所能上報。臣具以表聞, 辭不就職。詔書切峻[37], 責臣逋慢[38], 郡縣逼迫, 催臣上道[39], 州司臨門, 急如星火[40]。臣欲奉詔奔馳, 則劉病日篤, 欲苟順私情, 則告訴不許, 臣之進退, 實爲狼狽[41]。

伏惟[42]聖朝以孝治天下, 凡在故老[43], 猶蒙矜育[44], 況臣孤苦,

---

30) 拜(배): 벼슬을 내리다. 제수하다.
31) 郎中(낭중): 관직명으로 상서(尙書)를 보좌하여 정무에 참여하는 벼슬.
32) 尋(심): 곧, 얼마 안 있다가.
33) 除(제): 벼슬을 주다, 임명하다.
34) 洗馬(선마): '선마(先馬)'라고도 하며 한나라 때에는 동궁(東宮)에 속한 관직으로 태자가 출타할 때 앞에서 수레를 몰며 보좌하는 벼슬이었으나 진(晉)나라 이후부터는 서적을 관리하는 직으로 바뀌었다.
35) 猥(외): 외람되게도. 자기 자신을 낮추어 이르는 말.
36) 隕首(운수): 목이 떨어지다. 죽다.
37) 切峻(절준): 절실하고 준엄하다.
38) 逋慢(포만): 책임을 회피하고 태만하다.
39) 上道(상도): 벼슬길에 오르다.
40) 急如星火(급여성화): 성화같이 서두르다. 성화는 유성(流星)의 빛으로 급히 서두른다는 의미이다.
41) 狼狽(낭패): '낭(狼)'은 앞다리가 길고 뒷다리가 짧고, '패(狽)'는 앞다리가 짧고 뒷다리가 길어 그 두 짐승이 나란히 걷다가 서로 떨어지면 넘어지게 되므로 당황함을 나타내는 말로 쓰거나 도중에 실패하는 것, 일이 뜻대로 되지 않아 몹시 딱한 형편을 의미하기도 한다.
42) 伏惟(복유): 공손히 엎드려 생각하다.
43) 故老(고로): 이전 왕조부터 살던 노인을 가리킨다.
44) 矜育(긍육): 가엾게 여겨 양육하다.

特爲尤甚。且臣少仕僞朝[45], 歷職郎署[46], 本圖宦達[47], 不矜名節[48]。今臣亡國賤俘, 至微至陋, 過蒙拔擢, 寵命優渥[49]。豈敢盤桓[50], 有所希冀[51]! 但以劉日薄西山[52], 氣息奄奄[53], 人命危淺[54], 朝不慮夕。臣無祖母, 無以至今日, 祖母無臣, 無以終餘年。母孫二人, 更相爲命[55]。是以區區[56]不能廢遠。臣密今年四十有四, 祖母劉今年九十有六, 是臣盡節於陛下之日長, 報養劉之日短也。烏鳥私情[57], 願乞終養。

臣之辛苦, 非獨蜀之人士及二州牧伯[58]所見明知, 皇天后

45) 僞朝(위조): 정통이 아닌 거짓 조정이라는 뜻으로 촉한(蜀漢)을 가리킨다.
46) 郎署(낭서): 상서랑(尙書郎)이 있는 관청 또는 관사이다. 이밀은 촉한에서 상서랑의 관직을 지냈다.
47) 宦達(환달): 벼슬을 하여 출세하는 것을 말한다.
48) 不矜名節(불긍명절): 명예와 절개를 중히 여기지 않다.
49) 寵命優渥(총명우악): 임금의 은혜가 매우 두텁다.
50) 盤桓(반환): 뜻을 결정하지 못하고 머뭇거리며 주저하는 모양.
51) 希冀(희기): 희망, 바라다.
52) 日薄西山(일박서산): 해가 서산에 가까이 있어 곧 지려는 것처럼 목숨이 얼마 남지 않은 것을 말한다. '박(薄)'은 '가깝다'의 의미이다.
53) 奄奄(엄엄): 숨이 막 끊어지려는 모양.
54) 危淺(위천): 사람의 생명이 몹시 위태로움.
55) 更相爲命(갱상위명): 서로 의지하여 목숨을 이어오다.
56) 區區(구구): 소심해지는 모양 또는 할머니를 애틋해하는 모양.
57) 烏鳥私情(오조사정): 까마귀가 자기를 길러준 어미새의 은혜를 갚는 것처럼 자식이 어버이에게 효도를 다하고자 하는 마음. 반포지효(反哺之孝).
58) 二州牧伯(이주목백): 양주(梁州)와 익주(益州)의 주목(州牧)과 방백(方伯). 즉 두 주의 지방관.

土[59], 實所共鑒。願陛下矜愍愚誠, 聽臣微志, 庶[60]劉僥倖, 保卒[61]餘年, 臣生當隕首, 死當結草[62]。臣不勝犬馬[63]怖懼之情, 謹拜表以聞。(『文選』卷37)

李密(224~287): 자는 영백(令伯)으로 삼국 시기 촉한(蜀漢) 건위군(犍爲郡) 무양현(武陽縣, 지금의 四川省 彭山縣) 사람이다. 일찍이 아버지를 여의고 어머니 하씨(何氏)가 개가하자 할머니 유씨(劉氏)의 손에 양육되었고, 성인이 되자 할머니에 대한 지극한 효성으로 이름을 날렸다. 촉한 후주(後主) 때에 상서랑(尙書郞)의 관직을 지냈고 여러 차례 동오(東吳)에 사신으로 다녀오기도 하였다. 촉한이 멸망한 후 진(晉)나라 무제(武帝) 태시(泰始) 3년(267)에 태자선마(太子洗馬)의 벼슬이 내려졌는데, 할머니의 병간호를 이유로 이 표를 올리고는 출사하지 않았다. 할머니 사후에 관직에 나아가 상서랑, 한중태수(漢中太守) 등을 지냈다.

4자가 1구를 이루는 변문체(駢文體)이다. 할머니의 병간호를 위해 벼슬길에 나아갈 수 없다는 개인적인 사정을 아뢰는 상주문으로, 무제는 이 글을 읽고 그의 문장력과 효성에 감동하며 병을 거둬들이고는 노비와 식량을 하사했다고 한다.

예로부터 「출사표」를 읽고 눈물을 흘리지 않는 사람은 충신이

---

59) 皇天后土(황천후토): 하늘의 신과 땅의 신.
60) 庶(서): '기(冀)'와 같은 뜻으로, '바라다'의 의미이다.
61) 保卒(보졸): 여생을 편안히 마치는 것.
62) 結草(결초): 죽은 뒤에도 은혜를 잊지 않고 갚겠다는 뜻으로 결초보은(結草報恩)의 줄임말이다. 『좌전』 선공(宣公)15년 참조.
63) 犬馬(견마): 신하가 임금에게 자신을 겸손하게 지칭하는 말이다.

아니고, 「진정표」를 읽고 눈물을 흘리지 않는 사람은 효자가 아니라는 말이 있는데, 그렇듯 이 글에서는 구십이 넘은 할머니를 위하는 지극한 효심이 구절구절에 들어 있다.

8. 桃花源記

陶潛

晉太元[1]中，武陵[2]人捕魚爲業，緣[3]溪行，忘路之遠近。忽逢桃花林，夾岸[4]數百步，中無雜樹，芳華鮮美[5]，落英繽紛[6]。漁人甚異之[7]，復前行，欲窮其林。林盡水源，便[8]得一山。山有小口，髣髴[9]若有光，便舍船從口入。初極狹[10]，纔[11]通人，復行數十步，豁然開朗[12]。土地平曠，屋舍儼然[13]，有良田、美池、桑竹之屬[14]。阡陌[15]交通，雞犬

---

1) 太元(태원): 동진(東晉) 효무제(孝武帝)의 연호(376~396).
2) 武陵(무릉): 지명. 지금의 호남성(湖南省) 상덕현(常德縣).
3) 緣(연): 좇아서, 따라서.
4) 夾岸(협안): 언덕을 끼고서.
5) 鮮美(선미): 곱고 아름답다.
6) 繽紛(빈분): 떨어지는 꽃잎이 어지러이 흩날리는 모양.
7) 異之(이지): 그것에 대해 이상하게 느끼다. 여기서 '이(異)'는 형용사의 의동용법(意動用法)으로 사용되었다.
8) 便(변): 곧, 문득.
9) 髣髴(방불): 마치~인 것 같다.
10) 狹(협): 좁다.
11) 纔(재): 겨우, 가까스로.
12) 豁然開朗(활연개랑): 활연(豁然)은 훤히 뚫린 모양. 따라서 활연개랑(豁然開朗)은 좁은 상태가 지속되다가 갑자기 확 트이게 된 것을 말하는 것이다.
13) 儼然(엄연): 엄숙하게 우뚝 서 있는 모양.
14) 屬(속): 부류, 무리.
15) 阡陌(천맥): 밭 사이의 좁은 길. 남북으로 난 길을 '천(阡)'이라 하고, 동서로 난 길을 '맥(陌)'이라 한다.

相聞。其中往來種作，男女衣著[16)]，悉如外人。黃髮垂髫[17)]，幷怡然[18)]自樂。見漁人乃大驚，問所從來，具[19)]答之。便要[20)]還家，爲設酒殺雞作食。村中聞有此人，咸[21)]來問訊[22)]。自云先世避秦時亂，率妻子[23)]邑人[24)]來此絶境[25)]，不復出焉，遂與外人間隔[26)]。問今是何世，乃不知有漢，無論[27)]魏晉。此人一一爲具言所聞，皆歎惋[28)]。餘人各復延[29)]至其家，皆出酒食。停數日，辭[30)]去。此中人語云，不足[31)]爲外人道[32)]也。旣出，得其船，便扶向路[33)]，處處誌[34)]

---

16) 衣著(의착): 옷, 복식.
17) 黃髮垂髫(황발수초): 황발(黃髮)은 노인을 가리키는데, 사람이 늙으면 검은 머리가 희게 변하며 흰 머리카락이 다시 누렇게 되기 때문이다. 수초(垂髫)는 어린아이로 초(髫)는 다박머리이다.
18) 怡然(이연): 기뻐하는 모양.
19) 具(구): 상세히, 자세히.
20) 要(요): 초청하다.
21) 咸(함): 모두.
22) 問訊(문신): 소식을 묻다. 이것저것 캐묻다.
23) 妻子(처자): 아내와 아이.
24) 邑人(읍인): 마을 사람.
25) 絶境(절경): 세상과 단절된 곳.
26) 間隔(간격): 소식이 끊어지다.
27) 無論(무론): 더 말할 필요도 없다.
28) 歎惋(탄완): 놀라며 탄식하다.
29) 延(연): 이끌다. 데리고 가다.
30) 辭(사): 작별을 알리다.
31) 不足(부족): ~할 가치가 없다.
32) 道(도): 말하다. 알리다.
33) 扶向路(부향로): 이전에 갔던 길을 따라서. '향(向)'은 '향(嚮)'과 통한다.
34) 誌(지): 동사로, 표시하다의 뜻이다.

之。及郡下，詣[35]太守[36]說如此。太守卽遣人隨其往，尋向所誌，遂迷不復得路。南陽劉子驥[37]，高尙士也，聞之，欣然[38]規[39]往，未果[40]，尋[41]病終。後遂無問津[42]者。(『陶淵明集』 卷6)

도잠(陶潛, 365~427): 동진(東晉)의 전원시인으로 도연명(陶淵明)이라고도 한다. 자는 원량(元亮)으로 심양(潯陽) 자상(柴桑, 지금의 江西省 九江縣) 사람이다. 29세 때에 관직에 나아가 좨주(祭酒), 참군(參軍) 등을 지내다 41세 되던 해에 팽택현령(彭澤縣令)이 되었으나 80여 일 만에 그만두고 농사를 지으면서 여생을 전원에서 생활하였다. 그의 작품은 어두운 현실을 풍자하거나 전원의 평화로운 생활을 묘사한 것이 대부분이다. 위(魏)·진(晉) 시대 최고의 시인이며, 중국 시가사에서 이백(李白)·두보(杜甫)에 버금가는 대시인이다.

대표작으로 시 「귀원전거(歸園田居)」, 「독산해경(讀山海經)」, 「음주(飮酒)」, 「잡시(雜詩)」, 「영형가(詠荊軻)」 등이 있고, 사부(辭賦) 「귀거래사(歸去來辭)」, 산문「오류선생전(五柳先生傳)」, 「도화원기

35) 詣(예): 가다, 나아가다, 관청에 출두하다.
36) 太守(태수): 관직명. 군의 최고 행정관이다.
37) 劉子驥(유자기): 이름은 인지(驎之)이며, 도잠·주속지(周續之)와 함께 '심양삼은(潯陽三隱)'이라 불려졌다.
38) 欣然(흔연): 기뻐하는 모양.
39) 規(규): 계획하다, 꾀하다.
40) 未果(미과): 계획을 이루지 못하고.
41) 尋(심): 얼마 안 있어. 멀지 않아서.
42) 問津(문진): 나루터를 묻다, 길을 묻는다는 뜻이다.

(桃花源記)」 등이 있다. 『도연명집(陶淵明集)』이 현존한다.

이 작품은 당시의 어지러운 사회 현실 속에서 이상향을 추구하는 작가의 생각을 드러내고 있는 것이다. 원제는 「도화원시병기(桃花源詩幷記)」이며 오언시 1수가 있다. 이 이야기는 노자의 소국과민(小國寡民) 사상에 기초하여 고대의 자연주의적 유토피아를 묘사한 것으로, 당대(唐代) 전기(傳奇) 소설의 원조가 되었다. 또한 '무릉도원(武陵桃源)'의 고사도 이 작품에서 유래한 것이다.

9. 春夜宴桃李園序

李白

夫天地者, 萬物之逆旅[1], 光陰[2]者, 百代之過客[3]。而浮生[4]若夢, 爲歡幾何? 古人秉燭夜遊[5], 良有以也[6]。況陽春[7]召我以煙景[8], 大塊[9]假我以文章。

會桃李之芳園, 序天倫之樂事[10] , 群季[11]俊秀, 皆爲惠連[12],

1) 逆旅(역려): 나그네를 맞이하는 곳이란 뜻으로 객사, 여관을 말한다. '역(逆)'은 '영(迎)'의 뜻이다.
2) 光陰(광음): 짧은 시간.
3) 百代之過客(백대지과객): 영원한 세월을 거쳐 지나가는 나그네. '백대(百代)'는 긴 시간이다.
4) 浮生(부생): 허무하고 덧없는 인생.
5) 秉燭夜遊(병촉야유): 촛불을 들고 밤까지 노닐다.
6) 良有以也(양유이야): 진실로 이유가 있다. '양(良)'은 '성(誠)', '이(以)'는 '고(故)'의 의미이다.
7) 陽春(양춘): 따뜻한 봄날.
8) 烟景(연경): 아지랑이가 피어오르는 아름다운 봄 경치.
9) 大塊(대괴): 천지, 자연. 여기서는 조물주.
10) 序天倫之樂事(서천륜지낙사): 형제들이 즐거운 놀이를 벌이다. '서(序)'는 '서(舒)'의 의미. '천륜(天倫)'은 부모형제처럼 하늘이 정해 준 관계로 여기서는 형제를 가리킨다.
11) 群季(군계): 여러 동생들. '계(季)'는 보통 형제 중 막내를 말함.
12) 惠連(혜련): 사혜련(謝惠連, 397~433). 남조(南朝) 송(宋)나라 때의 시인. 어릴 때부터 문재가 뛰어나 족형(族兄)인 사령운(謝靈運)이 그를 매우 아꼈다고 한다.

吾人詠歌, 獨慚康樂[13]。幽賞[14]未已, 高談轉淸[15]。開瓊筵[16]而坐花, 飛羽觴[17]而醉月。不有佳作, 何伸雅懷[18]? 如詩不成, 罰依金谷酒數[19]。

李白(이백, 701~763): 당(唐)나라의 대시인으로 자는 태백(太白)이다. 부유한 가정에서 태어나 면주(緜州) 창명현(昌明縣) 청련향(青蓮鄕)에서 생활을 하여 스스로 호를 청련거사(青蓮居士)라 하였다. 천하를 유람하다 천보(天寶) 원년(742)에 처음으로 장안(長安)에 이르러 그의 시에 대해 하지장(賀知章)으로부터 적선인(謫仙人)이라 칭찬을 받았고, 오균(吳筠)의 천거로 한림학사(翰林學士)가 되었다. 그러나 3년 만에 고력사(高力士)의 참소를 받아 관직을 그만두고 장안을 떠나 유랑 생활을 시작하게 된다. 그 후 안사의 난 때에 순수한 애국심으로 영왕(永王) 이린(李麟)의 군대의 막부에 들

---

13) 康樂(강락): 사령운(謝靈運, 385~433). 남조(南朝) 송(宋)나라의 산수시인. 강락후(康樂侯)에 봉해져 사강락(謝康樂)이라고도 한다. 이백이 그의 시풍을 흠모했다.
14) 幽賞(유상): 고요히 바라보며 즐기다.
15) 高談轉淸(고담전청): 고상한 이야기가 점점 맑은 분위기를 더해 가다.
16) 瓊筵(경연): 옥같이 아름다운 자리. 아름답고 화려한 연회의 자리.
17) 飛羽觴(비우상): 술잔이 바삐 오고가다. '비(飛)'는 자주 술잔을 교환한다는 의미. '우상(羽觴)'은 새 깃털의 모양의 술잔이다.
18) 雅懷(아회): 우아한 마음.
19) 金谷酒數(금곡주수): 진(晉)나라의 석숭(石崇)이 자신의 별장인 금곡원(金谷園)에서 빈객들을 모아 연회를 베풀고는, 각각 시를 짓게 하여 시를 못 짓는 사람에게 벌로 술 석 잔을 내렸다는 고사. 금곡(金谷)은 하남성(河南省) 낙양(洛陽)에 있었다.

어갔다가 반란군으로 몰려 야랑(夜郞)으로 유배되기도 하였다. 호방한 기질을 지녀 항상 산수를 찾아다니며 자유로운 삶을 추구했다. 그의 시는 청신(淸新)하고 격정적인 어조에 웅장한 기세가 넘쳐난다. 또한 낭만적인 시 세계를 추구하여 술과 달을 노래한 시가 많다. 7언 절구와 형식에 얽매이지 않는 고체시에 뛰어났다. 시선(詩仙)이라 불렸으며, 시성(詩聖) 두보(杜甫)와 함께 '이두(李杜)'라고 병칭되며 중국 역사상 가장 위대한 시인으로 알려져 있다. 그의 시 약 960여 수가 산문과 함께 『이태백전집(李太白全集)』에 수록되어 있다.

원제는 「춘야연종제도리원서(春夜宴從弟桃花園序)」로 이백이 봄날 밤에 복숭아꽃, 오얏꽃 핀 정원에서 형제들과 시를 지으면서 연회를 벌였는데, 이때 지은 시들은 모은 시집의 서문이다. 낭만시인답게 인생을 즐기자고 노래하면서 그 속에 인생무상의 애수가 스며있다.

10. 師說

韓愈

古之學者必有師。師者所以傳道[1]受業[2]解惑[3]也。人非生而知之者[4], 孰能無惑。惑而不從師, 其爲惑也, 終不解矣。生乎[5]吾前, 其聞道也, 固先乎吾, 吾從而師之。生乎吾後, 其聞道也, 亦先乎吾, 吾從而師之。吾師道也, 夫庸[6]知其年之先後生於吾乎? 是故無貴無賤無長無少[7], 道之所存, 師之所存也。

---

1) 傳道(전도): 도를 전하다. '도(道)'는 유가(儒家)의 수기치인(修己治人)의 인의지도(仁義之道)로 대표되는 인간이 행해야하는 올바른 도리를 말한다.
2) 受業(수업): 스승의 학업을 배우다. '업(業)'은 시(詩)·서(書)·예(禮)·역(易)·악(樂)·춘추(春秋)의 육경(六經)을 말한다. '수(受)'가 '수(授)'가 되어야 한다는 의견도 있다.
3) 解惑(해혹): 의혹된 바를 풀다. 여기서 의혹은 '도(道)'와 '업(業)'에 관련된 의혹으로 보기도 한다.
4) 生而知之者(생이지지자): 나면서부터 아는 사람. 『논어(論語)』「술이(述而)」, "我非生而知之者; 好古, 敏以求之者也"。공자는 일찍이 인품에 대하여 '생지자(生知者, 태어나면서부터 아는 사람)', '하지자(學知者, 배워서 아는 사람)', '곤지자(困知者, 고생하여 배워서 아는 사람)', '곤불학자(困不學者, 고생해도 배워 알지 못하는 사람)' 등의 네 가지로 구분하고 자신은 '학지자(學知者)'로 자처하였다.
5) 乎(호): 개사(介詞)로 '어(於)'와 같은 용법으로 쓰였다.
6) 夫庸(부용): '부(夫)'는 발어사로 의미가 없다. '용(庸)'은 '기(豈)'의 뜻이다.
7) 無貴無賤無長無少(무귀무천무장무소): 부귀, 빈천, 연령의 대소 등을 가리지 않다.

嗟乎! 師道之不傳也久矣。欲人之無惑也難矣。古之聖人, 其出人[8]也遠矣, 猶且從師而問焉。今之衆人, 其下聖人[9]也亦遠矣, 而恥學於師。是故聖益聖, 愚益愚。聖人之所以爲聖, 愚人之所以爲愚, 其皆出於此乎。

愛其子, 擇師而敎之, 於其身也, 則恥師焉, 惑矣。彼童子之師, 授之書, 而習其句讀[10]者, 非吾所謂傳其道, 解其惑者也。句讀之不知, 惑之不解, 或師焉, 或不焉。小學而大遺[11], 吾未見其明也。

巫醫樂師百工之人, 不恥相師。士大夫之族, 曰師曰弟子云者, 則群聚而笑之。問之則曰, "彼與彼年相若[12]也, 道相似也。" 位卑則足羞[13], 官盛則近諛[14]。嗚呼, 師道之不復[15], 可知矣。巫醫樂師百工之人, 君子不齒[16], 今其智乃反不能

---

8) 出人(출인): 남보다 뛰어난 사람. 비범한 사람.

9) 下聖人(하성인): 성인에 미치지 못하다.

10) 句讀(구두): 글을 읽기 편하도록 숨을 쉬고 끊어 읽기를 하는 것을 말한다.

11) 小學而大遺(소학이대유): 작은 것은 배우고 큰 것은 잃는다. '소(小)'는 '습기구두(習其句讀)'이고 '대(大)'는 '전도(傳道), 수업(受業), 해혹(解惑)'이다.

12) 年相若(연상약): 나이가 서로 비슷하다.

13) 位卑則足羞(위비즉족수): 스승의 지위가 낮으면 매우 부끄럽게 여기다.

14) 官盛則近諛(관성즉근유): 스승의 관직이 높으면 가까이하여 아첨한다.

15) 復(복): 회복되다.

16) 君子不齒(군자불치): 군자들이 그런 직종의 사람들을 같지 않게 보고 멸시한다.

及[17]。其可怪也歟。

聖人無常師[18]。孔子師郯子[19]萇弘[20]師襄[21]老聃[22]。郯子之徒, 其賢不及孔子。孔子曰, "三人行, 必有我師。" 是故弟子不必不如師。師不必賢於弟子。聞道有先後, 術業有專攻, 如斯而已。

李氏子蟠[23], 年十七, 好古文[24], 六藝[25]經傳[26]皆通習之。不

17) 反不能及(반불능급): 오히려 군자의 지혜가 그들만 못하다.

18) 聖人無常師(성인무상사): 성인은 일정하게 정해진 스승이 없다. 『논어(論語)』「자장(子張)」, "夫子焉不學, 而亦何常師之有?"

19) 郯子(담자): 춘추(春秋)시대 담(郯)나라의 임금. 공자가 그에게서 관직에 대해 배웠다고 한다. 『좌전(左傳)』 소공(昭公) 17년 참조.

20) 萇弘(장홍): 주(周)나라 경왕(敬王) 때의 대부. 공자가 그에게서 음악에 대해 배웠다고 한다. 『예기(禮記)』와 『공자가어(孔子家語)』 참조.

21) 師襄(사양): 노(魯)나라의 악관(樂官). 공자가 그에게서 북과 거문고를 배웠다고 한다. 『사기(史記)』「공자세가(孔子世家)」참조.

22) 老聃(노담): 노자(老子). 공자가 그에게서 예(禮)를 배웠다고 한다. 『공자가어(孔子家語)』 참조.

23) 李氏子蟠(이씨자반): 이반(李蟠)으로 정원(貞元) 19년에 진사에 급제했다고 하나 자세한 행적은 알려져 있지 않다.

24) 古文(고문): 육조(六朝) 시대에 유행했던 변려문(騈儷文)과 대립되는 개념으로 경전(經傳)이나 제자백가(諸子百家)·한(漢)나라의 역사서처럼 내용이 질박하고 힘찬 문장을 말한다. 한유는 고문운동을 주도하였다.

25) 六藝(육예): 육경(六經)으로 시(詩)·서(書)·예(禮)·악(樂)·역(易)·춘추(春秋).

26) 經傳(경전): 성인(聖人)이 지은 것을 경(經)이라 하고, 현인(賢人)이 풀이한 것을 전(傳)이라 한다. 대표적인 예로 공자의 『춘추(春秋)』를 풀이한 『좌전(左傳)』, 『공양전(公羊傳)』, 『곡량전(穀梁傳)』을 들 수 있다.

拘於時, 學於余, 余嘉其能行古道, 作師說以貽之。

韓愈(한유, 768~824): 당(唐)나라의 시인이며 문장가. 당송팔대가 중의 한 사람. 자는 퇴지(退之)로 남양(南陽, 지금의 하남성(河南省) 맹현(孟縣)) 사람이다. 선조가 창려(昌黎, 지금의 하북성(河北省) 서수현(西水縣) 서쪽)에서 살아 그를 한창려(韓昌黎)라고 부르기도 했다. 3세 때 고아가 되어 형수인 정부인(鄭夫人)이 그를 키웠다고 한다. 24세 때인 덕종(德宗) 정원(貞元) 8년(792)에 진사에 급제하여 감찰어사(監察御使), 형부시랑(刑部侍郞)을 지내다가 불교를 철폐하자는 상소를 올려 황제의 노여움을 사 조주자사(潮州刺史)로 폄적되기도 하였다. 이후에 다시 조정으로 돌아와 국자감쇄주(國子監祭酒), 이부시랑(吏部侍郞)을 지냈다. 시와 산문에 모두 뛰어났으며 고문운동(古文運動)을 제창하여 변려문(駢儷文)을 배격하고 유가사상에 기초한 '문이재도(文以載道)'를 주장하였다. 시문집으로 『창려선생집(昌黎先生集)』 50권이 있다.

사도(師道)를 설명한 논설문 성격의 글이다. 작가는 제자인 이반(李蟠)에게 주는 이 글에서 사도를 잃어버린 당시의 세태에 대해 개탄하면서 참된 스승은 신분이 높고 낮음이나 나이의 많고 적음에 관계없이, 나보다 도가 앞서는 사람은 다 스승이라고 주장하고 있다.

11. 捕蛇者說

柳宗元

永州[1]之野産異蛇，黑質而白章[2]，觸草木盡死。以齧[3]人，無御之者。然得而腊[4]之以爲餌[5]，可以已大風[6]、攣踠[7]、瘻癘[8]，去死肌[9]，殺三蟲[10]。其始太醫[11]之王命聚之，歲賦其二。募有能捕之者，當其租入。永之人爭奔走焉。

有蔣氏者，專其利三世矣。問之，則曰,“吾祖死於是，吾父死於是，今吾嗣爲之十二年，幾死者數矣。”言之貌若

---

1) 永州(영주): 주명(州名). 지금의 호남성(湖南省) 영릉현(零陵縣)에 해당한다.
2) 章(장): 무늬.
3) 齧(설): 입으로 물다.
4) 腊(석): 말린 고기.
5) 餌(이): 먹다. 약으로서 먹는 것을 말한다.
6) 大風(대풍): 마풍(痲風)이라고도 하며 문둥병을 말한다.
7) 攣踠(연원): 팔다리가 굽어 펴지지 않는 병.
8) 瘻癘(누려): '누(瘻)'는 목에 나는 부스럼, '려(癘)'는 악성 종기인데, '나(癩)'와 같은 뜻으로 문둥병으로 보기도 한다.
9) 死肌(사기): 썩어 피가 통하지 않는 살. 썩어 문드러진 살.
10) 三蟲(삼충): 삼시충(三尸蟲). 도교에서 사람의 몸속에 있으면서 해악을 끼치거나 경신일(庚申日) 밤에 몸에서 빠져나가 상제(上帝)에게 죄를 보고하여 사람의 수명을 난축시킨다고 하는 세 마리의 벌레.
11) 太醫(태의): 궁궐 안에서 임금이나 그 일족의 병을 치료하던 의원이다. 황제국에서는 태의(太醫), 제후국에서는 어의(御醫)라 불렀다.

甚戚者。余悲之，且曰，“若[12]毒[13]之乎？余將告於莅事[14]者，更若役，復若賦[15]，則如何？” 蔣氏大戚，汪然[16]出涕，曰，“君將哀而生之乎？則吾斯役之不幸，未若復吾賦不幸之甚也。嚮吾不爲斯役，則久已病矣。自吾氏三世居是鄕，積於今六十歲矣。而鄕鄰之生日蹙[17]，殫[18]其地之出，竭其廬之入。號呼而轉徙，餓渴而頓踣[19]。觸風雨，犯寒暑，呼嘘[20]毒癘[21]，往往而死者，相藉[22]也。曩與吾祖居者，今其室十無一焉。與吾父居者，今其室十無二三焉。與吾居十二年者，今其室十無四五焉。非死卽徙爾，而吾以捕蛇獨存。悍吏之來吾鄕，叫囂[23]乎東西，隳突[24]乎南北。嘩然[25]而駭者，雖雞狗不得寧焉。吾恂恂[26]而起，視

12) 若(약): 너. '여(汝)'와 통한다.
13) 毒(독): 증오하다, 원망하다.
14) 莅事者(이사자): 담당 관리.
15) 賦(부): 세금.
16) 汪然(왕연): 눈물을 흘리는 모양.
17) 蹙(축): 어려워지다, 가난해지다.
18) 殫(탄): 다하다, 없어지다.
19) 頓踣(돈부): 쓰러지다, 넘어지다. 처지가 몹시 곤궁해진 것을 비유한다.
20) 呼嘘(호허): 호흡하다. 숨이 들이마시고 내쉬다.
21) 毒癘(독려): 전염병.
22) 相藉(상자): 서로 베고 겹쳐 자듯이 죽은 사람이 많음을 가리키는 것이다.
23) 叫囂(규효): 큰소리로 떠들다.
24) 隳突(휴돌): '소요(騷擾)'와 같은 뜻으로, '시끄럽고 어수선하다'는 의미이다.
25) 譁然(화연): 떠들썩한 모양.
26) 恂恂(순순): 느릿느릿한 모양.

其缶，吾蛇尚存，則弛然[27]而臥。謹食之，時而獻焉。退而甘食其土之有，以盡吾齒[28]。蓋一歲之犯死者二焉，其餘則熙熙[29]而樂，豈若吾鄕鄰之旦旦有是哉。今雖死乎此，比吾鄕鄰之死則已後矣，又安敢毒耶？”

余聞而愈悲，孔子曰，“苛政猛於虎[30]也。”吾商議乎是，今以蔣氏觀之，猶信。嗚呼！孰知賦斂之毒，有甚是蛇者乎！故爲之說，以俟夫觀人風者[31]得焉。（『柳河東集』卷16）

유종원(柳宗元, 773~819): 당(唐)나라의 문학가, 사상가. 당송팔대가 중 한 사람. 자는 자후(子厚)로 장안(長安)에서 출생했으나, 원적이 하동(河東) 해현(解縣, 지금의 山西省 解縣)이어서 유하동(柳河東)이라고도 부른다. 21세 때에 진사과에 합격하여 관직에 나아가 감찰어사(監察御使)를 지냈다. 순종(順宗) 영정(永貞) 원년(805)에 왕숙문(王叔文)의 정치 개혁에 참여하여 예부원외랑(禮部員外郞)이 되었으나, 실패 후 영주(永州, 지금의 湖南省 零陵縣) 사마(司馬)로 폄적되었다. 이후에 다시 유주(柳州, 지금의 廣西壯族自治區 柳城縣) 자사(刺史)로 옮겼다가 그곳에서 죽었다. 한유와 함께 당나라 고문운동을 주도했으며, 우언 형식을 빌린 풍자적인 글을 많이 써 부패한 정치를 비판하고 백성의 애환을 드러내었다. 시문집으로

27) 弛然(이연): 편안한 모양, 마음을 놓는 모양.
28) 齒(치): 수명, 천수(天壽).
29) 熙熙(희희): 화목하고 즐거운 모양.
30) 苛政猛於虎(가정맹어호): 가혹한 정치는 호랑이보다도 더 무섭다. 제3부 13.「苛政猛於虎」편 참조.
31) 觀人風者(관인풍자): 민간의 풍속이나 정세를 관찰하는 사람.

『유하동집(柳河東集)』이 있다.

유종원이 영주에 유배당했을 때에 지은 글로, 뱀을 잡아 살아가는 한 인물을 통해 가렴주구(苛斂誅求)로 인해 고통받는 백성의 모습을 잘 드러내고 있다. 그리 길지 않은 문장이지만 적절한 비유를 사용하여 많은 의론을 드러내고 있으며 또한 문장의 다양한 기세 변화를 통하여 무한한 슬픔과 처량함을 내포하고 있다. 한유와 함께 고문운동(古文運動)의 주창자로서, 그 문장이 가져야 하는 특색을 잘 보여주고 있는 작품이라 하겠다.

12. 朋黨論

歐陽修

臣聞朋黨[1]之說, 自古有之, 惟幸[2]人君辨其君子小人而已。大凡君子與君子, 以同道[3]爲朋, 小人與小人, 以同利[4]爲朋, 此自然之理也。

然臣謂小人無朋, 惟君子則有之, 其故何哉。小人所好者, 祿利也, 所貪者, 財貨也。當其同利之時, 暫相黨引[5]以爲朋者, 僞也。及其見利而爭先, 或利盡而交疏, 則反相賊害[6], 雖其兄弟親戚, 不能相保。故臣謂小人無朋, 其暫爲朋者僞也。

君子則不然, 所守者道義, 所行者忠信, 所惜者名節[7]。以之修身, 則同道而相益, 以之事國, 則同心而共濟, 終始如一, 此君子之朋也。故爲人君者, 但當退小人之僞朋, 用君子之眞朋, 則天下治矣。

---

1) 朋黨(붕당): 이해나 주의들이 같은 사람끼리 모여 당외(黨外)의 사람들을 배척하는 모임. 당파(黨派)라고도 한다.
2) 幸(행): 바라다.
3) 同道(동도): 도(道)나 이상(理想)을 같이하다.
4) 同利(동리): 이익을 같이하다.
5) 黨引(당인): 자기 당으로 끌다.
6) 賊害(적해): 해치다.
7) 名節(명절): 명예와 절개.

堯之時, 小人共工[8]驩兜[9]等四人[10]爲一朋, 君子八元[11]八愷[12]十六人爲一朋。舜佐堯, 退四凶小人之朋, 而進元凱君子之朋, 堯之天下大治。及舜自爲天子, 而皐[13]夔[14]稷[15]契[16]等二十二人[17]竝列於朝, 更相稱美, 更相[18]推讓, 凡二十二人爲一朋, 而舜皆用之, 天下亦大治。

書曰[19], "紂有臣億萬, 惟億萬心。周有臣三千, 惟一心。"

---

8) 共工(공공): 수관(水官)의 이름. 요(堯)임금 때에 환두(驩兜)·삼묘(三苗)·곤(鯀)과 함께 사흉(四凶)이라 일컬어졌다. 순(舜)임금이 유주(幽州)로 그를 유배 보낸 후 관직이 다른 사람에게 넘어가게 되었다.

9) 驩兜(환두): 요임금 때의 사람. 공공(共工)과 함께 악행을 저질러 순임금이 숭산(崇山)으로 그를 유배보냈다.

10) 四人(사인): 공공(共工)·환두(驩兜)·삼묘(三苗)·곤(鯀)을 말한다.

11) 八元(팔원): 고신씨(高辛氏) 때의 재자(才子) 8인으로, 즉 백분(伯奮)·중감(仲堪)·숙헌(叔獻)·계중(季仲)·백호(伯虎)·중웅(仲熊)·숙표(叔豹)·계리(季貍)를 말한다.

12) 八愷(팔개): 고양(高陽)씨 때의 재자 8인으로, 즉 창서(蒼舒)·퇴애(隤敳)·도인(檮戭)·대림(大臨)·방항(尨降)·정견(庭堅)·중용(仲容)·헌달(叔達)을 말한다.

13) 皐(고): 고요(皐陶)로 순(舜)임금 때의 옥리(獄吏)의 우두머리였다.

14) 夔(기): 후기(后夔)로 순(舜)임금 때의 명신(名臣)으로 음악을 관장하였다.

15) 稷(직): 후직(后稷)으로 순(舜)임금 때에 농업을 관장하는 관리였으며, 주(周)나라의 시조이다.

16) 契(설): 순(舜)임금의 신하로 사도(司徒)를 지냈으며, 상(商)나라의 시조이다.

17) 二十二人(이십이인): 사악(四岳)과 구관(九官), 십이목(十二牧)의 22명이다. 사악(四岳)은 관직명이고 구관(九官)은 우(禹)·직(稷)·설(契)·고요(皐陶)·백익(伯益)·후기(后夔)·백이(伯夷)·수(垂)·용시(龍是)이며, 십이목(十二牧)은 12주(州)의 장관이다.

18) 更相(갱상): 서로, 상호.

19) 書曰(서왈): 『상서(書經)』 태서(泰誓) 상편에 보이는 말.

紂之時, 億萬人各異心, 可謂不爲朋矣, 然紂以亡國。周武王之臣, 三千人爲一大朋, 而周用以興。

後漢獻帝[20]時, 盡取天下名士囚禁之, 目爲黨人。及黃巾賊[21]起, 漢室大亂。後方悔悟, 盡解黨人而釋之, 然已無救矣。

唐之晩年[22], 漸起朋黨之論[23]。及昭宗時[24], 盡殺朝之名士, 或投之黃河, 曰, "此輩淸流, 可投濁流。" 而唐遂亡矣。

夫前世之主, 能使人人異心不爲朋, 莫如紂, 能禁絶善人爲朋, 莫如漢獻帝, 能誅戮淸流之朋, 莫如唐昭宗之世, 然皆亂亡其國。

更相稱美推讓而不自疑, 莫如舜之二十二臣。舜亦不疑而皆

---

20) 獻帝(헌제): 후한(後漢)의 마지막 임금. 190~220년 재위. 위(魏)나라 문제(文帝) 조비(曹丕)에게 폐위되어 산양공(山陽公)이 되었다.

21) 黃巾賊(황건적): 후한(後漢) 영제(靈帝) 중평(中平) 원년(184) 봄에 거록(鉅鹿)의 장각(張角)이 주동하여 일어났던 도둑의 무리. 표식으로 머리에 노란 띠를 둘렀다 하여 황건적이라 불렀다. 난이 일어나자 황보숭(皇甫嵩) 등이 당금(黨禁)을 풀어줄 것을 건의하여 이에 따랐다. 또 앞에서 언급했던 명사들을 당인(黨人)이라 잡아 가두고(桓帝 延熹 9년, 166) 죽이고 한 일(靈帝 建寧 2년, 169)도 모두 헌제 이전의 일이나, 이런 일들로 말미암아 후한이 헌제 때에 망했기 때문에 모두 헌제에 붙여 이야기한 것 같다.

22) 唐之晩年(당지만년): 당(唐)나라 헌종(憲宗, 806~820)·목종(穆宗, 821~824) 이후를 가리킨다.

23) 漸起朋黨之論(점기붕당지론): 당나라 목종 때에 이덕유(李德裕)·우승유(牛僧儒)가 당파를 조직하여 일으킨 이우당쟁(李牛黨爭)을 말한다.

24) 昭宗時(소종시): 주전충(朱全忠)이 난을 일으켜 백마역(白馬驛)에서 조정의 명사들을 죽인 것을 말한다.

用之, 然而後世不誚[25)]舜爲二十二人朋黨所欺, 而稱舜爲聰明之聖者, 以辨君子與小人也。周武之世, 擧其國之臣三千人, 共爲一朋。自古爲朋之多且大, 莫如周。然周用此以興者, 善人雖多而不厭[26)]也。

夫興亡治亂之迹, 爲人君者, 可以鑒[27)]矣。(『居士集』 卷17)

구양수(歐陽修, 1007~1072): 북송(北宋)의 문학가, 사상가. 당송팔대가 중의 한 사람. 자는 영숙(永叔), 호는 육일거사(六一居士)·취옹(醉翁). 길주(吉州) 여릉(廬陵, 지금의 江西省 吉安縣) 출신. 4세 때에 부친을 잃고 모친에게서 글을 배웠으며, 가난하여 종이 살 돈이 없어 나뭇가지로 땅에 글씨를 써 가며 배웠다고 한다. 인종(仁宗) 천성(天聖) 8년(1030) 진사과에 합격하여, 비서성교서랑(秘書省校書郎)·서경유수추관(西京留守推官) 등을 지냈다. 경력(慶曆) 초에 두연(杜衍), 한기(韓琦), 범중엄(范仲淹), 부필(富弼) 등이 관직에서 물러나게 되자 상소를 올려 이에 대해 간언을 하다가 척주(滁州, 지금의 安徽省 滁縣)으로 폄적되었다. 지화(至和) 초에 한림학사(翰林學士)가 되어 『신당서(新唐書)』 편찬에 참여하기도 하였다. 이후에 추밀부사(樞密副使)·참지정사(參知政事) 등의 벼슬을 거쳐 태자소사(太子少師)로 관직을 마감하고, 영주(穎州)에 은거하였다. 시호는 문충(文忠)이다. 만년에는 왕안석(王安石)의 신법(新法)에 반대하기도 하였다. 한유의 영향을 받아 고문운동을 크게 진작시켜, 그의

25) 誚(초): 꾸짖다. 책망하다.
26) 不厭(불염): 싫어하지 않다.
27) 鑒(감): 거울. 거울로 삼다.

문하에서 나온 증공(曾鞏), 왕안석, 소식(蘇軾), 소철(蘇轍)과 함께 당송(唐宋) 8가(家) 중 한 사람이 되었다. 또한 북송의 시문 혁신 운동의 주도자로 초기의 화려한 문풍을 사라지게 한 북송 문단의 영수이다. 저작으로는 문집 『구양문충집(歐陽文忠集)』, 『신오대사(新五代史)』, 『모시본의(毛詩本義)』, 『집고록(集古錄)』과 송기(宋祁)와 함께 편찬한 『신당서』 등이 있다.

북송 인종 경력 3년(1043)에 구양수는 간관이 되어 임금께 바른 말을 간언하여 정치의 잘못을 개혁하고 태평천하를 만들려고 힘쓰고 있었다. 이때에 진집중(陳執中), 장득상(章得象), 왕공신(王拱辰), 어주순(魚周詢) 같은 소인들이 붕당에 관한 논쟁을 일으키면서 강직한 재상이었던 범중엄이 귀양을 떠나고 두연·韓琦·富弼이 관직에서 물러나게 되었으며, 구양수 또한 당인(黨人)으로 몰리게 되었다. 이에 대해 구양수는 큰 우려를 표하며 자신들의 애국심과 입장을 표명하기 위해 이 작품을 쓴 것이다. 이 글에서 작가는 붕당을 이루었다는 사실보다 모인 사람들이 군자냐 소인이냐 하는 문제가 더 중요하다고 피력하고 있다.

13. 岳陽樓記

范仲淹

慶曆[1)]四年春, 滕子京[2)]謫守巴陵郡[3)], 越明年, 政通人和[4)], 百廢具興[5)]。乃重修岳陽樓[6)], 增其舊制, 刻唐賢今人詩賦於其上, 屬[7)]予作文以記之。

予觀夫巴陵勝狀, 在洞庭[8)]一湖, 銜遠山[9)], 呑長江[10)], 浩浩湯

1) 慶曆(경력): 송(宋)나라 인종(仁宗)의 연호. 원년이 1041년.
2) 滕子京(등자경): 이름은 종량(宗諒), 자는 자경(子京)으로 하남(河南) 사람이다. 이 글의 작자의 범중엄과 같은 해에 진사과에 급제하였다.
3) 謫守巴陵郡(적수파릉군): 좌천되어 파릉군(巴陵郡, 지금의 湖北省 岳陽縣) 태수가 되다. 등자경이 공금을 낭비한 혐의로 탄핵을 받았으나 범중엄의 변호로 큰 화를 면하고 파릉군 태수로 좌천되었다고 한다.
4) 政通人和(정통인화): 정치가 바르게 행해지고 인심이 화합되다.
5) 百廢具興(백폐구흥): 피폐해졌던 많은 이들이 다시 올바르게 되다.
6) 岳陽樓(악양루): 호남성(湖南省) 악양현(岳陽縣)에 있는 누각. 누가 세웠는지는 확실치 않지만, 등자경이 수리를 하였고, 범중엄이 이 기(記)를 지었다.
7) 屬(촉): '촉(囑)'의 통가자로 부탁하다의 의미이다.
8) 洞庭(동정): 동정호(洞庭湖). 지금의 호남성 악양현에 있다.
9) 銜遠山(함원산): 멀리 산을 끼고 호수가 펼쳐있는 모양.
10) 呑長江(탄장강): 장강을 삼키다. 장강(長江)의 물이 동정호로 흘러드는 모습을 묘사한 것이다.

湯[11], 橫[12]無際涯[13]。朝暉夕陰[14], 氣象萬千。此則岳陽樓之大觀也, 前人之述備矣。然則北通巫峽[15], 南極瀟湘[16], 遷客騷人[17], 多會於此, 覽物之情, 得無異乎?

若夫霪雨霏霏[18], 連月不開, 陰風怒號, 濁浪排空[19], 日星隱曜[20], 山岳潛形, 商旅不行, 檣傾楫摧[21], 薄暮[22]冥冥[23], 虎嘯猿啼。登斯樓也, 則有去國懷鄕, 憂讒畏譏, 滿目蕭然[24], 感極而悲者矣。

至若春和景明, 波瀾不驚, 上下天光[25], 一碧萬頃[26], 沙鷗翔

---

11) 浩浩湯湯(호호탕탕): 한없이 넓고도 큰물이 넘실넘실 대는 모양이다.
12) 橫(횡): 악양루에서 보아 남북쪽. 동서를 종(縱)이라 하고 남북을 횡(橫)이라 한다.
13) 際涯(제애): 끝.
14) 朝暉夕陰(조휘석음): 아침 햇빛과 저녁 구름.
15) 巫峽(무협): 장강(長江) 삼협(三峽)의 하나. 호북성(湖北省) 파동현(巴東縣) 서쪽에 있는 협곡이다.
16) 瀟湘(소상): 동정호 남쪽에 있는 소수(瀟水)와 상수(湘水).
17) 遷客騷人(천객소인): 죄를 지어 유배된 사람과 시름에 젖은 시인들.
18) 霪雨霏霏(음우비비) :장맛비가 많이 내리는 모양.
19) 排空(배공): 하늘에 높이 솟다.
20) 隱曜(은요): 빛을 감추어 나타내지 아니하다.
21) 檣傾楫摧(장경즙최): 돛은 기울고 노는 부러지다.
22) 薄暮(박모): 해질 무렵.
23) 冥冥(명명): 어둑어둑한 모양.
24) 蕭然(소연): 쓸쓸하다.
25) 上下天光(상하천광): 위아래 모두 하늘 빛. 하늘에 호수에 비쳐 분별하기 어려운 상태를 말한다.
26) 一碧萬頃(일벽만경): 만경이 모두 푸른빛이다.

集, 錦鱗游泳, 岸芷汀蘭[27], 郁郁[28]青青。而或長煙一空[29], 皓月千里, 浮光耀金[30], 靜影沈璧[31], 漁歌互答, 此樂何極! 登斯樓也, 則有心曠神怡, 寵辱[32]皆忘, 把酒臨風, 其喜洋洋[33]者矣。

嗟夫! 予嘗求古仁人之心, 或異二者之爲, 何哉? 不以物喜[34], 不以己悲[35]。居廟堂[36]之高, 則憂其民, 處江湖[37]之遠, 則憂其君。是進亦憂, 退亦憂, 然則何時而樂耶? 其必曰, "先天下之憂而憂, 後天下之樂而樂歟!" 噫, 微斯人[38], 吾誰與歸?

(『古文觀止』 卷9)

---

27) 岸芷汀蘭(안지정란): 언덕의 구리떼뿌리와 물가의 난초. 구리떼뿌리와 난초는 모두 향초(香草)이다.
28) 郁郁(욱욱): 향기가 나는 모양.
29) 長煙一空(장연일공): 하늘에 안개가 길게 드리워져 있다.
30) 浮光耀金(부광요금): 흐르는 물 위에 비친 달빛이 마치 금빛 물결이 출렁이는 것과 같다.
31) 靜影沈璧(정영침벽): 물이 잔잔할 때 비치는 달이 마치 흰 구슬이 물속에 잠겨 있는 것과 같다.
32) 寵辱(총욕): 임금에게서 받는 총애와 치욕.
33) 洋洋(양양): 한없이 크고 넓은 모양.
34) 不以物喜(불이물희): 경물을 보고 그것으로 인해 기뻐하지 않는다.
35) 不以己悲(불이기비): 자기 자신의 일로 슬퍼하지 않는다.
36) 廟堂(묘당): 종묘(宗廟)와 묘당(朝堂). 즉 조정(朝廷)을 말한다.
37) 江湖(강호): 은거하는 사람이 머무는 곳.
38) 斯人(사인): 옛 어진 사람을 가리킨다.

범중엄(范仲淹, 989~1052): 북송(北宋)의 정치가이며 문학가. 자는 희문(希文)으로 소주(蘇州) 오현(吳縣) 사람이다. 진종(眞宗) 대중상부(大中祥符) 8년(1015)에 진사에 급제하여 광덕사리참군(廣德司理參軍)의 벼슬을 지냈고 인종(仁宗) 때에는 이부원외랑(吏部員外郎), 참지정사(參知政事) 등을 지냈다. 구양수(歐陽修) 등과 '경력신정(慶曆新政)'을 추진하였으나, 구양수 등과 붕당을 조직하였다고 하여 폄적되었고, 이후 영주(潁州)로 부임하던 도중 병사했다. 북송의 시문 혁신운동을 주도하였고, 시·사·산문에 두루 능했으며, 풍격이 호방하고 표현이 정련되었다. 문집으로는 『범문정공집(范文正公集)』 20권이 있다.

악양루(岳陽樓)는 호남성(湖南省) 악양현(岳陽縣)에 있는 누각으로 동정호(洞庭湖)를 한 눈에 내려다 볼 수 있는 곳에 위치하고 있다. 누가 지었는지는 확실치 않지만, 당(唐)나라 개원(開元) 4년에 장열(張說)이 이곳 태수로 오자 날마다 재자(才子)들과 이 누각에 올라 시를 읊었다고 한다.

작가의 친구인 등자경(滕子京)이 경력(慶曆) 5년에 이 누각을 중수하고는 작가에게 글을 써 줄 것을 부탁하자 이에 응한 작품이다. 간결한 필치로 누각의 중수 배경과 글을 짓게 된 경위, 동정호의 아름다운 풍경을 서술한 뒤 변려문의 형식으로 악양루에 오른 사람들의 다양한 심정을 담고 "先天下之憂而憂, 後天下之樂而樂"이라는 주제 사상으로 끝을 맺고 있다. 500자가 채 되지 않는 짧은 문장을 통해 변문과 산문체를 혼합하여 정경을 잘 묘사함으로써 독자에게 감동을 주는 명문이다.

14. 前赤壁賦

蘇軾

壬戌[1)]之秋, 七月旣望[2)], 蘇子[3)]與客泛舟, 遊於赤壁之下, 淸風徐來, 水波不興。擧酒屬客[4)], 誦明月之詩[5)], 歌窈窕之章[6)]。

少焉, 月出於東山之上, 徘徊於斗牛[7)]之間。白露橫江, 水光接天。縱一葦[8)]之所如[9)], 凌[10)]萬頃之茫然[11)]。浩浩乎[12)]如馮

---

1) 壬戌(임술): 송(宋)나라 신종(神宗) 원풍(元豐) 5년(1082). 작가의 나이 47세 때.
2) 旣望(기망): 음력 16일.
3) 蘇子(소자): 작가 자신.
4) 屬客(촉객): 손님에게 술을 권하다. '촉(屬)'은 '촉(囑)'의 의미.
5) 明月之詩(명월지시): 『시경(詩經)』「진풍(陳風)·월출(月出)」"月出皎兮, 佼人僚兮。舒窈糾兮, 勞心悄兮。"(달이 밝게 떠오르니 미인은 곱도다. 곱고 말쑥한 모습에 지친 마음이 쓸쓸하도다.)
6) 窈窕之章(요조지장): 『시경(詩經)』「진풍(陳風)·월출(月出)」의 '요규(窈糾)'를 말한다고 하기도 하고, 『시경(詩經)』「주남(周南)·관저(關雎)」의 "關關雎鳩, 在河之洲。窈窕淑女, 君子好逑。"(우는 징경새가 황하의 물섬에 있도다. 아름답고 정숙한 여인은 군자의 좋은 짝이로다.)를 말한다고 하기도 한다.
7) 斗牛(두우): 북두성(北斗星)과 견우성(牽牛星).
8) 一葦(일위): 갈대 한 잎. 가볍고 작은 배를 비유하는 말이다.
9) 所如(소여): 가는 대로. '여(如)'는 '왕(往)'의 뜻이다.
10) 凌(능): 배같은 것을 타고 건너다.
11) 茫然(망연): 넓고 멀어 끝이 없음을 말한다.
12) 浩浩乎(호호호): 매우 넓은 것을 형용.

虛御風[13], 而不知其所止, 飄飄乎[14]如遺世獨立[15], 羽化而登仙[16]。

於是飮酒樂甚, 扣舷[17]而歌之, 歌曰, "桂棹[18]兮蘭槳[19], 擊空明[20]兮泝流光[21]。渺渺[22]兮予懷, 望美人[23]兮天一方[24]。" 客有吹洞簫[25]者, 依歌而和之, 其聲嗚嗚然[26], 如怨如慕, 如泣如訴, 餘音嫋嫋[27], 不絶如縷, 舞幽壑之潛蛟[28], 泣孤舟之嫠婦[29]。

---

13) 馮虛御風(빙허어풍): 허공에 의지하여 바람을 몰고 다니다. 『장자(莊子)』「소요유(逍遙遊)」, "夫列子御風而行"

14) 飄飄乎(표표호): 가벼이 날아가는 모양.

15) 遺世獨立(유세독립): 세상을 버리고 홀로 서다. 속세를 잊고 어떤 것에도 구속받지 않은 절대 자유의 경지.

16) 羽化而登仙(우화이등선): 날개가 돋아 신선이 되어 하늘에 오르다.

17) 扣舷(구현): 뱃전 또는 뱃바닥을 두들기다.

18) 桂棹(계도): 계수나무로 만든 노.

19) 蘭槳(난장): 목란(木蘭)으로 만든 상앗대.

20) 空明(공명): 물에 비친 달그림자.

21) 泝流光(소유광): 달빛어린 강물을 거슬러 올라가다.

22) 渺渺(묘묘): 아득히 먼 모양.

23) 美人(미인): 재주와 덕이 있는 군자를 가리키는 말로 주로 천자, 현사, 충신 등을 비유한다.

24) 天一方(천일방): 하늘의 저쪽. 아득히 먼 곳. 또 임금이 있는 조정을 가리킨다고도 한다.

25) 洞簫(통소): 피리. 퉁소.

26) 嗚嗚然(오오연): 구슬픈 소리를 형용하는 말.

27) 嫋嫋(요뇨): 소리가 길게 이어지는 모양.

28) 潛蛟(잠교): 숨어있는 뿔 없는 용. 교룡(蛟龍).

29) 嫠婦(이부): 과부.

蘇子愀然[30), 正襟危坐[31), 而問客曰, “何爲其然也,” 客曰, “月明星稀, 烏鵲南飛[32), 此非曹孟德[33)之詩乎? 西望夏口[34), 東望武昌[35), 山川相繆[36), 鬱乎蒼蒼, 此非孟德之困於周郎[37)者乎? 方其破荊州, 下江陵[38), 順流而東也, 舳艫千里[39), 旌旗[40)蔽空。 釃酒[41)臨江, 橫槊賦詩[42), 固一世之雄也, 而今安在哉? 況吾與子, 漁樵[43)於江渚[44)之上, 侶魚蝦而友麋[45)鹿,

---

30) 愀然(초연): 수심에 잠겨 안색이 변하다.
31) 正襟危坐(정금위좌): 옷깃을 단정하게 하고 몸을 바로하며 꼿꼿이 앉다.
32) 月明星稀, 烏鵲南飛(명월성희, 오작남비): 달 밝고 별 드문데 까막까치는 남으로 날도다. 조조(曹操)의 시「단가행(短歌行)」의 구절.
33) 孟德(맹덕): 조조의 자.
34) 夏口(하구): 지명. 지금의 호북성(湖北省) 한구(漢口).
35) 武昌(무창): 지명.
36) 相繆(상무): 서로 얽혀 하나가 되어 있다.
37) 周郎(주랑): 오(吳)나라 손권(孫權)의 부장 주유(周瑜). 건안(建安) 13년 유비(劉備)를 쫓던 조조의 80만 대군을 적벽에서 물리쳤다.
38) 荊州(형주), 江陵(강릉): 지명.
39) 舳艫千里(축로천리): 뱃머리와 배꼬리가 연이어 천리에 잇달아 있다. ‘축(舳)’은 배의 고물, ‘로(艫)’는 이물.
40) 旌旗(정기): 군대의 여러 군기(軍旗), 깃발.
41) 釃酒(시주): 원래는 술을 거르다의 의미였으나, 술을 따르다의 뜻으로도 쓰인다.
42) 橫槊賦詩(횡삭부시): 창을 가로놓고 시를 짓다. ‘삭(槊)’은 여덟 자 길이의 긴 창.
43) 漁樵(어초): 고기 잡고 땔나무하다.
44) 江渚(강저): 강가.
45) 麋(미): 큰사슴. 순록. 사슴과에 속하는 짐승.

駕一葉之扁舟, 擧匏樽[46]以相屬[47], 寄蜉蝣於天地[48], 渺滄海之一粟[49]。哀吾生之須臾[50], 羨長江之無窮, 挾飛仙以遨遊[51], 抱明月而長終[52]。知不可乎驟得[53], 託遺響[54]於悲風。”

蘇子曰, “客亦知夫水與月乎? 逝者如斯[55], 而未嘗往也, 盈虛[56]者如彼, 而卒莫消長[57]也。蓋將自其變者而觀之, 則天地曾不能已一瞬[58], 自其不變者而觀之, 則物與我皆無盡也, 而又何羨乎? 且夫天地之間, 物各有主, 苟非吾之所有, 雖一毫[59]而莫取。惟江上之淸風, 與山間之明月, 耳得之而爲聲,

---

46) 匏樽(포준): 표주박으로 만든 술잔.
47) 相屬(상촉): 서로 술을 권하다.
48) 寄蜉蝣於天地(기부유어천지): 하루살이 같은 짧은 목숨을 천지에 기탁하다. '부유(蜉蝣)'는 하루살이.
49) 滄海之一粟(창해지일속): 넓은 바다에 떠 있는 좁쌀 한 알처럼 보잘 것 없는 존재를 말한다.
50) 須臾(수유): 잠시 동안, 찰나.
51) 遨遊(오유): 즐겁게 노닐다.
52) 長終(장종): 오래도록 살다 죽다.
53) 驟得(취득): 쉽사리 얻다.
54) 遺響(유향): 퉁소 소리의 여운.
55) 逝者如斯(서자여사): 흘러가는 것이 이 강물과 같이 끊임없이 흐른다. 『논어(論語)』, 「자한(子罕)」: “子在川上曰, 逝者如斯夫, 不舍晝夜。”(선생님이 냇가에 서서 말씀하셨다. 가는 것은 이와 같은가. 밤낮으로 흘러 쉬는 일이 없도다.)
56) 盈虛者如彼(영허자여피): 차고 이지러지는 것은 저 달과 같다.
57) 卒莫消長(졸막소장): 끝내 없어지거나 더 늘어나지 않는다.
58) 一瞬(일순): 한순간.
59) 一毫(일호): 한 개의 가는 털. 아주 조금인 것.

目遇之而成色。取之無禁, 用之不竭, 是造物者[60]之無盡藏[61]也, 而吾與子之所共適。”

客喜而笑, 洗盞更酌, 肴核[62]既盡, 杯盤狼藉[63]。相與枕藉[64]乎舟中, 不知東方之既白[65]。(『東坡集』 卷33)

소식(蘇軾, 1036~1101): 북송(北宋)의 문학가, 서화가(書畵家), 정치가. 당송팔대가 중의 한 사람. 자는 자첨(子瞻), 호는 동파거사(東坡居士). 미산(眉山, 지금의 사천성(四川省) 미산현(眉山縣)) 사람. 부친 소순(蘇洵), 동생 소철(蘇轍)과 함께 문명(文名)을 떨쳐 ‘삼소(三蘇)’라고 불리운다. 인종(仁宗) 가우(嘉祐) 2년(1057)에 진사가 되었는데, 당시 시험관이었던 구양수(歐陽修)의 격찬을 받았다고 한다. 이후 봉상부판관(鳳翔府判官), 개봉부추관(開封府推官) 등을 벼슬을 지냈다. 희녕(熙寧) 연간에 왕안석(王安石)의 신법(新法)에 반대하다가 항주통판(杭州通判)으로 좌천되었으며, 이후 황주단련부사(黃州團練副使)로 폄적되었다. 철종(哲宗) 즉위 후 사마광(司馬光)의 구법당(舊法黨)이 집권하면서 한림학사(翰林學士) 겸 시독(侍讀)에 기용되었다가 소성(紹聖) 원년(1094)에 다시 경주별가(瓊州別駕)로 폄적되었다. 원부(元符) 2년(1099)에 사면되어 북상하던 중 건중정국(建中靖國) 원년(1101)에 상주(常州)에서 세상을 떠났다.

60) 造物者(조물자): 조물주. 천지만물을 창조한 자.
61) 無盡藏(무진장): 아무리 써도 다함이 없이는 많은 것.
62) 肴核(효핵): 魚肉의 안주와 과실의 안주.
63) 杯盤狼藉(배반낭적): 잔과 쟁반이 여기저기 어지러이 흩어져 있다.
64) 相與枕藉(상여침자): 서로 베개를 삼고 자다. 겹쳐 자다.
65) 白(백): 날이 하얗게 새다.

신법파와 구법파간의 정쟁에 휘말려 부침을 거듭하면서도 다재다능한 문학의 거장으로 시와 사, 산문에서 뛰어난 성취를 이루었다. 그 밖에도 그림, 서예, 바둑, 거문고, 술, 불교에도 매우 조예가 깊은 다재다능한 인물이었다. 시문 저작으로 『구지필기(仇池筆記)』, 『동파지림(東坡志林)』, 『동파전집(東坡全集)』, 『동파사(東坡詞)』 등이 있다.

황주(黃州)에 유배된 소식이 원풍(元豐) 5년 음력 7월과 10월 두 차례에 걸쳐 손님인 양세창(楊世昌)과 함께 적벽에서 두 차례 뱃놀이를 하고 그 감회를 써낸 것이 「전(前)·후적벽부(後赤壁賦)」이다. 이 중 「전적벽부(前赤壁賦)」가 더 유명하다. 적벽의 아름다운 풍광과 함께 자연에 의지해 사는 자신을 선인(仙人)에 기탁해 노래하고 있다.

호북(湖北)에는 적벽이라 불리는 곳이 네 곳 있다. 하나는 가어현(嘉魚縣)의 동북쪽 장강(長江)변에 있으며, 이곳이 삼국시대 주유(周瑜)가 조조를 대파한 적벽지전(赤壁之戰)이 벌어졌던 곳이다. 또 하나는 무창현(武昌縣)에, 또 하나는 한양현(漢陽縣)에, 마지막 하나는 황강현(黃岡縣) 성 밖에 있는데, 이곳이 소식이 뱃놀이를 했던 곳이다. 소식은 적벽대전을 했던 곳이 이곳인 줄로 잘못 알고 이 작품에 적벽대전의 고사를 인용하였고, 후에 이것이 잘못되었음을 인정하였다. 또한 삼국시대의 적벽대전이 이 작품의 전체 주제가 아니라, 자연의 풍광을 묘사하면서 잠시 언급하고 있을 뿐이다.

이 작품은 구양수(歐陽修)의 「추성부(秋聲賦)」와 함께 산부(散賦)의 전형적인 작품으로 알려져 있다. 산부는 산문을 짓는 방식으로 부를 짓는 것으로 용운(用韻)이 자유롭고 산문이 섞여 있으며, 반드시 전편을 용운할 필요가 없는 것을 말한다.

15. 愛蓮說

周敦頤

水陸草木之花，可愛者甚蕃。晉陶淵明獨愛菊，自[1]李唐[2]來，世人盛愛牡丹[3]，予獨愛蓮之出淤泥[4]而不染[5]，濯[6]清漣[7]而不妖，中通[8]外直[9]，不蔓[10]不枝，香遠益[11]清，亭亭[12]淨植[13]，可遠觀而不可褻[14]玩焉。

予謂，菊，花之隱逸者也。牡丹，花之富貴者也。蓮，花之

---

1) 自(자): ~로부터.
2) 李唐(이당): 당(唐, 618~907)나라를 말한다. 황실의 성이 이(李)씨였기 때문에 당이라는 국호 앞에 붙인 것이다.
3) 愛牧丹(애모란): 당나라의 측천무후(則天武后)가 특히 모란을 사랑하였는데, 그때부터 모란을 사랑하는 사람이 많아졌다 한다. 이조(李肇), 『당국사보(唐國史補)』: "京城貴游尙牧丹。……每春暮, 車馬若狂。……種以求利, 一本有直數萬者。" 劉禹錫, 「賞牧丹」: "唯有牧丹眞國色, 花開時節動京城。"
4) 淤泥(어니): 진흙.
5) 染(염): 물들다, 더럽히다.
6) 濯(탁): 씻다.
7) 漣(련): 잔물결.
8) 中通(중통): 속이 통해 있음.
9) 外直(외직): 겉이 곧다.
10) 不蔓(불만): 만(蔓)은 덩굴. 덩굴지지 않는다.
11) 益(익): 더욱.
12) 亭亭(정정): 곧게 우뚝 서 있는 모습.
13) 植(식): 서 있다.
14) 褻(설): 함부로 하다. 버릇없이 굴다.

君子者也。噫[15]！菊之愛[16]，陶後鮮[17]有聞。蓮之愛，同予[18]者何人? 牡丹之愛，宜[19]乎衆矣。(『古文眞寶』卷10)

주돈이(周敦頤, 1017~1073): 북송(北宋)의 사상가. 문학가. 자는 무숙(茂叔), 호는 염계(濂溪). 도주(道州) 영도(營道, 湖南省 道縣) 출신. 대리시승(大理寺丞), 광동전운판관(廣東轉運判官)을 거쳐 만년에는 지남강군(知南康軍)으로 있으면서 여산(廬山) 연화봉(蓮花峰) 아래의 염계(濂溪)에서 거처하였다. 역학(易學)에 정통하였고, 도교(道教)의 태극도(太極圖)와 유가의 역설(易說)을 혼합하여 『태극도설(太極圖說)』을 지었다. 송대 이학(理學)의 비조로 불리며, 정호(程顥), 정이(程頤) 등이 그의 문하에서 나왔다. 산문에도 능하였다. 『주원공집(周元公集)』 9권을 남기고 있으며, 청나라 사람들이 편찬한 『주자전집(周子全書)』 22권에 그의 저작이 들어 있다.

이 글은 국화·모란·연꽃의 풍격을 따져 각각 인간 사회의 은자(隱者)·부귀인(富貴人)·군자(君子)와 연결시키고 연꽃의 모습을 들어 자신이 추구하는 품성을 함축적으로 논한 글이다.

---

15) 噫(희): 감탄사. 아아!
16) 菊之愛(국지애): '愛菊'에서 菊을 강조하기 위해 도치시킨 문장.
17) 鮮(선): 드물다.
18) 予(여): 1인칭 대명사.
19) 宜(의): 마땅하다, 당연하다.

제5부 시(詩)와 사(詞)

제5부 시(詩)와 사(詞)

1. 七步詩

曹植

煑豆[1]持作羹, 漉豉[2]以爲汁。
萁[3]在釜下然[4], 豆在釜中泣。
本是同根生, 相煎何太急。

콩을 삶아 국을 끓이고
콩을 걸러 즙을 만드네.
콩깍지는 솥 아래에서 불타고

1) 煑豆(자두): 콩을 삶다.
2) 漉豉(록시): 콩을 거르다.
3) 萁(기): 콩깍지.
4) 然(연): '연(燃)'과 통하여 '불을 지핀다'는 뜻이다.

콩은 솥 안에서 눈물짓네.

본디 한 뿌리에서 태어났건만

어찌 괴롭히는 것이 이리도 급한가.

조식(曹植, 192~232): 조조(曹操)의 셋째 아들이자 위(魏)나라 문제(文帝) 조비(曹丕)의 아우. 자는 자건(子建). 문학적 재능이 뛰어나 조조의 총애를 받아 형의 자리를 빼앗으려 하였다. 이 때문에 조비가 제위에 오른 후 박해를 받아 불우한 삶을 살다가 죽었다. 시호는 사(思)이다. 진왕(陳王)에 봉해졌으므로 진사왕(陳思王)이라 부르기도 하였다. 시 80여 수가 현존하고 있으며 기타 사부(辭賦)·산문 등 40여 편이 있다. 송(宋)대 사람이 편찬한 『조자건집(曹子建集)』이 있다.

형 조비가 아우의 재주를 시험하고자 일곱 걸음을 걷는 사이에 시 한 수를 읊도록 명령하였고, 만약 짓지 못하면 명을 어기는 것이니 죄를 묻겠다고 핍박했다. 이 시는 조식이 문재가 뛰어나서 오히려 이를 이용해 골육상잔의 고통을 하소연한 것이다. 질투심에 불타던 조비도 이 시를 보고 느낀 바가 있어 동생을 풀어주었다고 한다.

2. 登鸛雀樓[1)]

王之渙

白日依山盡, 黃河入海流。
欲窮千里目, 更上一層樓。

밝은 해는 산에 의지하여 지려하고
황하는 바다로 흘러 들어가네.
천리 먼 곳을 바라보려면
한층 더 높은 누각으로 올라가야지.

왕지환(王之渙, 695~?): 병주(幷州, 지금의 山西省 太原) 사람으로, 고적(高適)·잠삼(岑參)·왕창령(王昌齡)과 함께 변새 시인으로 이름을 날렸다. 그는 전쟁을 소재로 한 변새시를 창작하여 열정적이며 진취적인 인생관을 표현해 내었다.

이 시는 일종의 교훈시로 제1구와 제2구는 시를 지은 시점과 장소를 묘사하고 있으며, 제3구와 제4구가 주제를 나타내는 부분으로 인생의 포부를 크게 가지려면 부단히 노력을 해야 한다는 의미를 드러내고 있다.

1) 鸛雀樓(관작루): 지금의 산서성(山西省) 포현(蒲縣) 서남쪽에 있던 누각으로 현재는 그 터만 남아있다.

3. 靜夜思[1)]

李白

床前明月光, 疑[2)]是地上霜。
擧頭[3)]望明月, 低頭[4)]思故鄕。

침상 앞에 밝은 달빛 비치니
마치 땅에 서리가 내린 듯하네.
고개 들어 밝은 달을 바라보고
고개 숙여 고향을 그리워하네.

이백에 대한 설명은 제4부 고전 명작 독해 9. 春夜宴桃李園序를 참고하기 바란다.

이 시는 5언 절구로, 당 현종 개원 14년(726) 이백이 26세 때 추석 무렵 양주객사(揚州旅舍)에서 「추석여회(秋夕旅懷)」와 더불어 지은 것이다. 객지에 살던 시인이 추석을 맞이하여 밝은 달을 바라보며 고향에 있는 부모와 가족을 그리워하는 감정을 읊은 것이다. 시어가 소박하고 내용이 단순하여 많은 이들이 애송하는 시이기도 하다.

---

1) 靜夜思(정야사): 고요한 밤에 떠오르는 생각.
2) 疑(의): 마치.
3) 擧頭(거두): 고개를 들다.
4) 低頭(저두): 고개를 숙이다.

4. 送杜少府[1]之任蜀州

王勃

城闕輔三秦[2], 風煙望五津[3]。
與君離別意, 同是宦遊[4]人。
海內[5]存知己, 天涯若比鄰[6]。
無爲在歧路, 兒女共霑巾。

성궐은 삼진에 둘러싸여 있는데
바람과 안개 속에서 오진을 바라보고 있네.
그대와 이별하는 마음이야 오죽할까마는
우리는 모두 지방의 벼슬아치 신세라네.
세상에 나를 알아주는 친구가 있으니
하늘 저 끝에 있어도 가까운 이웃과 같다네.
이별의 갈림길에서

---

1) 杜少府(두소부): 두씨 성을 가진 현위(縣尉)라고만 알려져 있을 뿐 자세한 생애는 모른다.
2) 三秦(삼진): 장안(長安) 부근의 관중(關中) 땅을 가리키는 것으로 항우(項羽)가 진나라를 멸망시키고, 이 땅을 옹(雍)·새(塞)·적(翟) 세 나라로 나누어 각각 왕을 세웠기 때문에 삼진이라 칭한 것이다.
3) 五津(오진): 사천성 민강(岷江)의 다섯 개 나루터로 백화진(白華津)·만리진(萬里津)·강수진(江首津)·섭두진(涉頭津)·강남진(江南津)인데, 여기서는 촉주를 지칭하는 것이다.
4) 宦遊(환유): 지방에 가서 벼슬살이 하는 것.
5) 海內(해내): 중국 전체.
6) 比鄰(비린): 이웃.

아녀자처럼 수건에 눈물을 적시지는 마시게.

왕발(王勃, 650~676): 자는 자안(子安)이었으며 강주(絳州) 용문(龍門)(지금의 山西省 河津) 사람이다. 6세 때에 이미 문장을 지을 수 있었고, 9세 때에 안사고(顔師古)가 주를 단 『한서(漢書)』를 읽고 그중의 오류를 지적하여 『지하(指瑕)』10권을 지었다. 용삭(龍朔) 원년(661) 12세 때에 신동으로 조정에 추천을 받았고, 인덕(麟德) 원년(664) 15세 때에 대책(對策)을 올려 조산랑(朝散郞)의 벼슬을 제수 받았다. 황족 중에 패왕(沛王)이 특히 그의 재주를 흠모하여 왕부로 초청을 해서 편찬 사업을 맡기자 「평대초략(平臺鈔略)」10편을 지었다. 당시에 황족을 비롯항 상류 사회에는 투계 놀이가 성행하고 있었는데, 왕발은 「격영왕계문(檄英王雞文: 영왕의 투계놀이를 비판한다)」를 장난삼아 지었다. 그런데, 후에 이 글을 읽은 고종의 노여움을 사게 되어 관직에서 쫓겨나 강한(江漢)으로 떠나게 되었다. 후에 그의 부친이 교지령(交趾令)(지금의 베트남 북부)으로 유배를 떠나게 되자, 상원(上元) 2년(675)에 그곳으로 부친을 찾아 뵙기 위해 길을 떠났다. 11월에 남해(南海)(지금의 廣東省 廣州)에 도착해서 바다를 건너다 물에 빠져 놀라 죽었다. 그때의 나이 26세였다. 초당(初唐) 시기의 걸출한 시인으로 양형(楊炯)·노조린(盧照隣)·낙빈왕(駱賓王)과 함께 초당사걸(初唐四傑)로 불리운다. 『왕자안집(王子安集)』16권이 전해지고 있다.

이 시는 벼슬살이를 위해 떠나는 친구를 전송하며 지은 것으로, 첫째 연에서는 시제를 드러내며 왕발이 장안에서 촉으로 떠나려는 두소부를 전송하고 있음을 설명해 주고 있다. 이후는 떠나는 친구를 안위하고 위로하는 내용이 주를 이루고 있다. 이 작품은 슬픔 감정을 씻어버리고, 의경(意境)을 넓혔으며 음조가 밝아 독특하고 뛰어난 격조를 이루었다고 평가를 받고 있다.

5. 山居[1)]秋暝[2)]

王維

空山新雨後, 天氣晚來秋。
明月松間照, 淸泉[3)]石上流。
竹喧[4)]歸浣女[5)], 蓮動下漁舟。
隨意[6)]春芳歇, 王孫[7)]自可留。

빈 산에 비가 갓 온 후
날씨가 어느새 가을이구나.
밝은 달 소나무 사이로 비추고
맑은 샘은 돌 위로 흐른다.
대숲이 부스럭 빨래하고 가는 여인
연꽃 출렁이니 고깃배 지나도다.
어느새 봄 향기 다 시들었지만
귀한 님 더 머물러 있으면.

---

1) 山居(산거): 산 속 거처, 즉 망천(輞川)에 있는 망천장(輞川莊)을 말한다.
2) 秋暝(추명): 가을 저녁.
3) 淸泉(청천): 물이 맑은 샘. 맑은 물.
4) 竹喧(죽훤): '훤(喧)'는 떠들썩한 것으로, 여기서는 대나무가 흔들리는 소리를 나타낸다.
5) 浣女(완녀): 빨래하는 여인.
6) 隨意(수의): 마음대로, 제멋대로.
7) 王孫(왕손): 왕유 자신을 상징한다.

왕유(王维, 706-761): 자는 마힐(摩詰), 원적은 태원(太原) 기(祁: 지금의 山西省)사람으로 나중에 하동(河東)으로 적을 옮겼다. 개원(開元) 9년(721)에 진사에 급제하여 태악승(太樂丞)에 임명되었다. 오래지 않아서 사건에 연루되어 제주사창참군(濟州司倉參軍)으로 좌천되었다. 재상 장구령(張九齡)의 추천으로 우습유(右拾遺)가 되고, 천보(天寶) 말에 급사중(給事中)에 이르렀다. 안록산의 난 때 왕유는 적의 포로가 되었는데, 안록산에 의해 강제로 급사중에 임명되었다. 난이 평정된 후 왕유는 부역죄로 논죄되었으나, 특별히 사면을 받고 태자중윤(太子中允)으로 강등되었다. 이후에 왕유는 관직에 마음을 두지 않고 불교에 귀의하여 한적한 생활을 하였다. 따라서 그의 시에는 불교 용어와 전고(典故)가 많이 이용되고 있으며, 불교는 그 작품의 주요한 사상적인 특징을 형성하고 있다. 또한 왕유는 음악과 회화에도 뛰어난 재능을 가지고 있어 회화에서는 그를 남종화(南宗畵)의 조종(祖宗)이라 부른다. 송대(宋代)의 소식이 그를 "시 가운데 그림이 있고, 그림 가운데 시가 있다(詩中有畵, 畵中有詩)"라 평한 말은 유명하다. 현존하는 왕유의 시는 모두 432수(고시 150수, 근체시 282수)이다. 이 중에는 정치적인 열망을 노래한 시, 현실을 풍자한 시, 강개한 감정을 토로한 변새시 등도 포함되어 있지만 산수전원시가 가장 뛰어나다. 대포작으로는 「사지새상(使至塞上)」, 「구월구일억산동형제(九月九日憶山東兄弟)」, 「종남산(終南山)」, 「산거추명(山居秋暝)」, 「송원이사안서(送元二使安西)」 등이 있다.

이 시는 산촌의 초가을 정취와, 그 속에 담겨있는 인간의 소박한 삶의 모습을 묘사하였다. 남종화(南宗畵)의 개조(開祖)이기도 한 그가 그려낸 문자화(文字畵)라고 할 수 있다. 망천 별장에서 속세에 대한 미련을 떨치고 산수를 벗하며 지내는 한적한 생활을 가을밤의 정경을 토해 묘사하고 있다.

6. 登高

杜甫

風急天高猿嘯哀, 渚清沙白鳥飛廻。
無邊落木[1)]蕭蕭下, 不盡長江滾滾[2)]來。
萬里悲秋常作客, 百年多病獨登臺。
艱難苦恨繁霜鬢[3)], 潦倒[4)]新亭濁酒杯[5)]。

바람은 세차고 하늘은 높은데 원숭이 울음소리는 슬프고
맑은 물가 새하얀 모래톱에 새들이 날아서 돌아오네.
아득히 먼 곳의 나뭇잎은 가을바람 소리 따라 떨어지고
다함없이 흐르는 장강은 도도하게 흘러간다.
만 리 밖 슬픈 가을에 언제나 나그네 된 나는
한평생 많은 병 얻으며 홀로 높은 대에 오르네.
가난하고 곤고한 삶의 한으로 서리 빛 살쩍 성성하고
늙어 병들어 쇠약해져 새롭게 탁주잔을 멈춘다.

---

1) 落木(낙목): 낙엽.
2) 滾滾(곤곤): 강물이 흐르는 모양.
3) 霜鬢(상빈): 서리처럼 하얗게 센 살쩍. 흰머리가 많은 것을 말하는 것.
4) 潦倒(료도): '풀이 죽다, 낙심하다'의 의미이나, 여기서는 두보가 당시 폐질환이 심해진 것을 말한다.
5) 新亭濁酒杯(신정탁주배): '정(亭)'은 정(停, 멈추다)과 같은 의미로, 술 마시는 것을 경계하는 말이다.

두보(杜甫, 712~770): 자는 자미(子美)이고 하남성(河南省) 공현(鞏縣) 출신이다. 이백과 더불어 중국의 대표적인 시인으로 시성(詩聖)이라 불린다. 우국우민(憂國憂民)의 심정을 가지고 조국에 대한 사랑과 백성에 대한 동정과 애착을 시로 표현한 시인이다. 특히 '안사(安史)의 난(亂)' 이후 급격한 시대 변화 속에서 조정의 부패와 사회적 부조리에 대해 강한 필치로 고발하고 비판한 시를 많이 남기고 있다. 그래서 그를 애국시인이라 부르며, 또한 이전 시가의 성취를 흡수하여 재창조해 냄으로 시의 '집대성(集大成)'자라는 칭송을 받았다. 특히 말년의 기주(夔州) 시기에는 율시를 완성하여 이 방면의 완성자라고 일컬어졌다. 현실주의적 경향의 시를 통해 그 시대 사회상을 잘 반영하였기 때문에 '시사(詩史)'라고도 칭하여지기도 한다. 율시와 악부시 방면에 특히 뛰어났으며, 대표작으로 「애왕손(哀王孫)」, 「애강두(哀江頭)」, 「춘망(春望)」, 「북정(北征), 「석호리(石壕吏)」, 「동관리(潼關吏)」, 「신안리(新安吏)」, 「수로별(垂老別)」, 「신혼별(新婚別)」, 「무가별(無家別)」, 「월야억사제(月夜憶舍弟)」, 「영회고적(詠懷古跡)」 등 1,400여 수의 작품이 현존하고 있다.

이 시는 두보의 가장 유명한 7언 율시이다. 본래 「구일오수(九日五首)」 중의 하나였다. 시인이 중양절(重陽節)에 병든 몸을 이끌고 높은 곳에 올라 본 감회를 쓴 것으로, 이를 빌어 자신의 일생의 불행에 대한 감개를 드러내고 있다. 작품 전체에서 비장미가 넘치고 있어 우리에게 깊은 감동을 준다. 두보는 자신의 비애를 묘사하면서도 기세를 잃지 않고 격동적인 색채를 유지하고 있는 웅대한 자신의 심정을 그려내고 있다. 언어가 정제되어 있고, 모든 구에서 사용하고 있는 대구가 자연스러워 두보의 율시 중에서도 최고의 경지에 오른 작품이다.

7. 望江南

敦煌曲子詞

莫攀[1)]我，攀[2)]我太偏心[3)]。我是曲江[4)]臨池柳，者人折了那人攀[5)]。恩愛一時間。

나를 잡아당기지 마세요.
나를 당기면 마음이 너무 기울어지게 됩니다.
나는 곡강에 임한 연못의 버들입니다.
이 사람이 꺾고 저 사람이 잡아당기나
사랑하는 마음은 한순간이랍니다.

이 작품은 1900년 돈황석실에서 발견된 당대 민간의 사다. 당시의 새로운 음악에 맞추어 자유로운 구법으로 노래한 가사이며, 장안의 유명한 유흥지였던 곡강지의 한 기녀가 읊은 것이다. 첫 글자부터 부정적인 이미지를 부각하며 자신이 겪는 사랑에 대한 경계와 배신당한 감정을 솔직하게 하소연하고 있다.

---

1) 莫(막): 부정부사. ~하지 마라. ~하지 않다. 여기서는 '~하지 마라'의 의미.
2) 攀(반): 거머잡다. 붙잡고 오르다. 잡아당겨 꺾다.
3) 偏心(편심): 마음이 치우치다. 마음이 기울다.
4) 曲江(곡강) : 서안시 동남부에 위치하였고 당대 귀족들의 유람 지역. 곡강지(曲江池), 대안탑(大雁塔)이 그 안에 있다. 곡강지 사방의 연못을 둘러 버드나무가 심겨있고 여관과 기방이 그곳에 펼쳐져 있었다.
5) 者(자) : 이, 이것. 這.

8. 憶江南

白居易

江南好，風景舊曾諳[1)]。日出江花[2)]紅勝火[3)]，春來江水綠如藍[4)]。能不憶[5)]江南?

강남의 경치 좋기도 하구나
풍경이 옛 부터 익숙한 그곳
해가 뜨면 강가의 꽃은 불보다 붉어지고,
봄이 오면 강물을 쪽빛보다 푸르른데
어찌 강남을 추억하지 않으리.

백거이(白居易, 772~846): 자는 낙천(樂天)이고 태원(太原) 사람이다. 당나라 덕종(德宗) 정원(貞元) 16년에 진사가 되었고, 헌종(憲宗) 원화(元和) 초에 한림학사(翰林學士)로 임명되었으며, 곧 좌습유(左拾遺)가 되었다. 그러나 직언을 일삼아 정권자들의 반감을 사서, 강주사마(江州司馬)로 좌천되었다. 만년에는 불교에 심취하여 낙양(洛陽)에 거주하면서 자주 용문사(龍門山) 향산사(香山寺)를 찾았고 스스로 향산거사(香山居士)라 칭했다. 또 시와 술로 뜻을

1) 諳(암) : 외다, 암송하다, 기억하다. 익숙하다.
2) 江花 : 강변의 꽃.
3) 紅勝火(홍승화):붉기가 불을 능가하다. '승(勝)'은 비교의 의미로 쓰임.
4) 藍(람) : 남초. 일종의 식물로 잎을 청색을 내는 염료.
5) 能不憶(능불억) : 능히 그리워하지 않을 수 있을까.

풀었기에 취음선생(醉吟先生)이라고도 칭했다. 문장이 명확하고, 시는 평이하여 노소를 불문하고 누구나 이해할 수 있다. 『장경집(長慶集)』이 있다. 사는 『존전집(尊前集)』에 26수가 있고, 『전당시(全唐詩)』에도 9수가 수록되어 있다.

백거이가 항주자사와 소주자사를 지낼 때 강남의 아름다운 경치는 그에게 잊기 어려운 기억으로 남았다. 이 사는 봄날 해가 뜰 때 강남의 경치를 읊은 것으로, 제 1구는 강남의 경치를 묘사하고 있고, 제3, 4구는 붉은 꽃과 쪽빛의 강물을 들어 강렬한 색채대비를 이루고 있다. 제4구는 반문구로 강남에 대한 시인의 애정과 그리움이 드러난다.

9. 虞美人

李煜

春花秋月何時了?[1] 往事知多少? 小樓昨夜又東風[2], 故國不堪回首月明中。

雕闌玉砌[3]應猶在, 只是朱顏改. 問君能有幾多愁?[4] 恰似一江春水[5]向東流。[6]

봄꽃, 가을 달은 언제나 끝날까?
잊지 못할 옛일은 많기도 하네.
작은 누대엔 어젯밤 또 봄바람 불어와
고국 산하 차마 달빛 속에서 돌아보기 힘드네.

아름다운 난간, 응당 그대로 있겠지만
단지 홍안만이 변해 버렸네
묻노니 그대 시름 얼마나 되는가.
마치 동쪽으로 흘러가는 봄 강물 같구나.

---

1) 了(료): 종료하다. 끝나다.
2) 東風(동풍): 봄바람, 즉 봄을 의미한다.
3) 雕闌玉砌(조란옥체): 조각한 난간과 옥으로 만든 섬돌, 화려하고 아름다운 궁전을 비유.
4) 幾多愁(기다수): '기(幾)'는 몇, '기다(幾多)'는 얼마.
5) 一江春水(일강춘수): 강에 가득한 봄물, 봄에 눈이 녹아 강물이 불어 오른다.
6) 向東流(향동류): 동쪽을 향해 흐르다.

이욱(李煜, 937~978): 어릴 때 이름은 종가(從嘉)였고, 자(字)는 중광(重光)이며 남당 원종(元宗)의 여섯 째 아들이다. 건륭(乾隆) 2년(961) 왕위를 이어받아 15년간 재위하였다. 개보(開寶) 8년(975) 송(宋)이 금릉(金陵)을 함락하자, 이에 투항하여 위명후(違命候)에 봉해지고 다시 농서군공(隴西郡公)에 봉해졌다. 태평흥국(太平興國) 3년(978) 7월 7일에 세상을 떠났으니 향년 42세였다. 역사는 그를 남당후주(南唐後主)라 칭한다. 이욱은 가사(歌詞)에 능하고 그의 부인 주(周)씨는 가무에 능한데다 특히 비파에 재주가 있어 종종 사를 읊었다고는 하나, 작품의 대다수가 이미 산실되었다. 후인들이 모아놓은 것이 존재하나 시사(詩詞) 수십 편만 남아있을 뿐이다.

남당은 이변(李昪)이 예제(睿帝)를 몰아내고 양위받아 금릉(金陵: 南京)에 세운 나라(937~975)로 35개州의 땅을 차지하며 국호는 대국, 오대십국가운데 경제 대국으로 두각을 나타냈다. 남당은 개국한지 38년 만에 송 태조 개보 8년(975) 금릉이 함락되자 이욱은 송나라 개봉으로 압송되었고, 3년의 유폐생활 끝에 죽는다. 망국의 군주인 작가는 송나라에 항복하고 변경에 잡혀와 있는 포로의 신세로, 가사에서는 망국의 한을 아름다운 봄날을 배경으로 표현하고 있다.

상편에서 작가는 포로 신세인 자신의 슬픔을 봄꽃과 가을 달의 사라짐으로 강하게 표현하고 있다. 하편에서는 망국의 기간 동안 주위에 있는 난간이나 옥돌은 여전할 텐데 자신의 청춘만 덧없이 사라짐을 아쉬워하였다. 마지막 구에서는 문답을 통해 심중에 담겨진 근심과 한을 토로하였다.

10. 定風波

蘇軾

三月三日沙湖[1]道中遇雨，雨具先去，同行皆狼狽，余不覺，已而遂晴，故作此。

3월 3일 사호로 가는 도중에 비를 만나는데, 우비가 앞서 가고, 동행자들은 모두 낭패였으나, 나만 그리 생각지 않았는데, 이제 날이 개어 이 작품을 짓는다.

莫聽[2]穿林打葉聲，何妨[3]吟嘯且徐行。竹杖芒鞋輕勝馬[4]，誰怕? 一蓑[5]煙雨任平生。
料峭[6]春風吹酒醒，微冷，山頭斜照[7]卻相迎。回首向来[8]蕭瑟處，歸去，也無風雨也無晴[9]。

---

1) 沙湖(사호): 황강(黃岡) 동남쪽에 위치. 이 때는 작자가 황주에 유배생활 중이었다.
2) 莫聽(막청): 듣지 마라. '막(莫)'은 '~하지 말라.'는 뜻.
3) 何妨(하방): 무엇이 거리끼겠는가. 무엇이 방해될까.
4) 輕勝馬(경승마): 가볍기가 말 타는 것을 능가한다. 勝은 비교의 의미.
5) 一蓑(일사): 일생을 도롱이를 걸치고 폭풍우 속을 지나는 것으로 비유. 태연함을 나타낸다.
6) 料峭(요초): 으슬으슬하다, 쌀쌀하다.
7) 斜照(사조): 석양.
8) 向来(향래): 줄곧, 여지껏.
9) 也無風雨也無晴(야무풍우야무청): 비바람도 없고 맑은 날도 없다. 즉, 잠깐의 변화에 흔들리지 않는 작가의 태도를 의미한다.

수풀을 뚫고 잎사귀 두드리는 소리 듣지 마라.
읊으며 또한 천천히 거닐면 무엇이 거리끼겠는가.
죽장에 짚신이 말타기보다 경쾌한데
무엇이 두려운가? 이슬비 속에 도롱이 쓰고 한 평생 내맡기려네.

쌀쌀한 봄바람 불어 술이 깨니
몸은 약간 춥고, 산꼭대기 석양은 나를 맞네.
줄곧 걸어온 비바람 으스스했던 곳을 되돌아보며
돌아가면,
비바람도 없고 갠 날도 없다네.

소식에 대한 설명은 제4부 고전 명작 독해 14. 前赤壁賦를 참고하기 바란다.

이 작품은 서문으로 창작배경을 표현하고 있지만, 실제로는 소식의 인생에 대한 묘사다. 작가는 비를 만나 낭패감을 느끼는 동행인과 자신을 비교하면서 세상의 일에 초연히 대처하려는 의지를 부각시키고 있다. 풍우는 단순한 자연 현상이 아니라 인생에서 만나게 되는 어려움을 나타낸다. 그는 길을 가는 도중에 만난 비를 일상적인 일에 비교하면서 인생에 대한 깊은 고민은 비바람이 지나면 맑은 햇살이 비추는 것 같다고 한다. 결국 상황에 따라서 마음을 편하게 가져야 한다고 말하는데, 곧 명리에 연연해하지 않고 의연히 생활해야 한다는 것이다. 그래서 어려움을 만나도 당황하지 않고 마음대로 읊조리고 휘파람 불며 천천히 거닐 수 있다. 이렇게 소식은 그의 평온한 마음가짐과 조용하고 느긋

한 태도로써 그의 인생의 어려움을 이겨냈다. 마지막 구에서 이런 모든 어려움에서 초연해지려는 의지를 보이고 있다.

중국 기초 고문

초판 1쇄 발행 2019년 4월 9일
초판 2쇄 발행 2023년 3월 9일

지은이 김현주, 정호준
발행인 고윤성
기획 신선호, 박경민
편집장 장혜정
도서편집 노재은, 변다은
디자인 정정은, 최선아, 김대욱
인사행정 이근영
재무관리 김문규, 정예찬
전자책 · 사전 변다은
발행처 한국외국어대학교 지식출판콘텐츠원
02450 서울특별시 동대문구 이문로 107
전화 02)2173-2493~7
팩스 02)2173-3363
홈페이지 http://press.hufs.ac.kr
전자우편 press@hufs.ac.kr
출판등록 제6-6호(1969. 4. 30)
디자인 · 편집 (주)이환디앤비 02)2254-4301
인쇄 · 제본 (주)케이랩 053)583-6885

ISBN 979-11-5901-456-7 93720 정가 23,000원

*잘못된 책은 교환하여 드립니다.

HUiNE은 한국외국어대학교 지식출판콘텐츠원의 어학도서, 사회과학도서, 지역학 도서 Sub Brand이다. 한국외대의 영문명인 HUFS, 현명한 국제전문가 양성(International +Intelligent)의 의미를 담고 있으며, 휴인(携引)의 뜻인 '이끌다, 끌고 나가다'라는 의미처럼 출판계를 이끄는 리더로서, 혁신의 이미지를 담고 있다.